AF404503

INSTRUCTION GÉNÉRALE

SUR LE SERVICE

DES CHEMINS VICINAUX.

MINISTÈRE DE L'INTÉRIEUR.

INSTRUCTION GÉNÉRALE

SUR LE SERVICE

DES CHEMINS VICINAUX.

TEXTE.

PARIS.

IMPRIMERIE NATIONALE.

1870.
1871.

[illegible]

[illegible]

[illegible]

[illegible]

PARIS

[illegible]

[illegible]

TABLE DES MATIÈRES.

INSTRUCTION GÉNÉRALE

SUR LE SERVICE

DES CHEMINS VICINAUX.

TITRE Ier.

ASSIETTE DES CHEMINS.

Chemins vicinaux. — Texte.   2

TITRE III.

EXÉCUTION DES TRAVAUX.

CHAPITRE Ier. — Mode d'exécution des travaux.

TITRE IV.

COMPTABILITÉ DES CHEMINS VICINAUX.

TITRE V.

CONSERVATION ET POLICE DES CHEMINS.

ARRÊTÉ DU MINISTRE.

Du 6 décembre 1870.

La présente Instruction générale est approuvée pour recevoir son exécution à partir du 1ᵉʳ janvier 1871.

Le Ministre de l'intérieur.

Pour le Ministre et par délégation spéciale :

Jules CAZOT.

TITRE Ier.

ASSIETTE DES CHEMINS.

CHAPITRE Ier.

CLASSEMENT DES CHEMINS.

SECTION Ire.

CLASSEMENT DES CHEMINS VICINAUX ORDINAIRES.

ARTICLE PREMIER.

Loi du 28 juillet 1824.

Le classement, comme chemin vicinal, d'un chemin public existant ou d'une voie à ouvrir, pourra être prononcé sur la demande des communes ou de tout intéressé. Cette demande sera adressée au préfet.

§ 1er. *Chemins existants.*

ART. 2.

S'il s'agit d'un chemin existant, la reconnaissance en sera faite par le maire et l'agent voyer. Il sera dressé de cette reconnaissance un procès-verbal contenant tous les renseignements nécessaires pour faire apprécier le degré d'utilité du chemin, et indiquant les charges actuelles de la commune, en ce qui touche le service vicinal, ainsi que celles qui résulteraient du nouveau classement. Il y sera joint un plan d'ensemble.

ART. 3.

Le procès-verbal de reconnaissance prescrit par l'article précédent sera déposé à la mairie pendant quinze jours, et avis de ce dépôt sera donné aux habitants, par voie de publications et affiches en la forme ordinaire, pour qu'ils puissent présenter leurs réclamations ou observations, s'il y a lieu.

ART. 4.

Lois des 28 juillet 1824, art. 1er, et 18 juillet 1837, art. 19.

A l'expiration du délai de dépôt, le conseil municipal, après y avoir été autorisé, délibérera sur le projet; il donnera son avis sur l'utilité du classement, sur les observations qui pourraient avoir été faites, sur la largeur à donner au chemin, et fera connaître les ressources qu'il entend consacrer à sa construction et à son entretien.

ART. 5.

Sur le vu de la délibération du conseil municipal et des autres pièces à l'appui, il sera statué par le préfet, tant sur le classement que sur la largeur à donner au chemin, tous droits des tiers réservés.

Dans le cas où la propriété du chemin public à classer serait revendiquée par des tiers, il serait sursis au classement jusqu'à ce que la question de propriété ait été tranchée.

Lois des 28 juillet 1824, art. 1er, et 21 mai 1836, art. 15.

Arrêt du Conseil d'État des 27 février 1862 et 12 janvier 1870.

§ 2. *Chemins à ouvrir.*

ART. 6.

Le classement d'un chemin à ouvrir sera précédé des formalités indiquées aux articles 15 et 16 ci-après.

Lois des 21 mai 1836, 3 mai 1841 et 8 juin 1864.

SECTION II.

CLASSEMENT DES CHEMINS DE GRANDE COMMUNICATION ET D'INTÉRÊT COMMUN.

ART. 7.

Lorsque le conseil général aura pris en considération une proposition de classement d'un chemin de grande communication ou d'intérêt commun, ou lorsque le préfet croira devoir donner suite à une demande de classement, les agents voyers prépareront un avant-projet et le préfet provoquera l'avis des conseils municipaux et d'arrondissement. Le conseil général statuera définitivement.

Lois des 21 mai 1836 et 18 juillet 1866, art. 1er, § 7.

SECTION III.

DISPOSITIONS GÉNÉRALES.

ART. 8.

Toute rue qui est reconnue, dans les formes légales, être le prolongement d'un chemin vicinal, en fait partie intégrante et est soumise aux mêmes lois et règlements.

Loi du 8 juin 1864, art. 1er.

CHAPITRE II.

FIXATION DE LA LARGEUR DES CHEMINS.

ART. 9.

La largeur de chaque chemin vicinal est déterminée par un arrêté préfectoral.

Règlement général sur les chemins vicinaux, art. 1er.

ART. 10.

Règlement général,
art. 2.

Dans le cas où, pour satisfaire les besoins de la circulation, il y aurait nécessité de dépasser les limites du maximum fixé par le règlement préfectoral, rendu en exécution de l'article 21 de la loi du 21 mai 1836, la largeur qu'il conviendra de donner au chemin sera déterminée par le préfet, après enquête et délibération du conseil municipal.

ART. 11.

Même règlement,
art. 3.

Ne sont pas compris dans le maximum fixé par le règlement les fossés, parapets, banquettes, murs de soutenement, talus de remblai ou de déblai et les autres ouvrages accessoires existants ou qu'il pourra être nécessaire d'établir en dehors de la voie livrée à la circulation et dont les dimensions seront déterminées par le préfet, suivant les besoins. Ces ouvrages font partie intégrante du chemin vicinal auquel ils se rattachent.

CHAPITRE III.

PLAN DES CHEMINS.

ART. 12.

Dans les communes où les conseils municipaux auront voté les fonds nécessaires, il sera dressé un plan des chemins vicinaux.

CHAPITRE IV.

ÉLARGISSEMENT, OUVERTURE ET REDRESSEMENT DES CHEMINS.

SECTION Ire.

ÉLARGISSEMENT.

ART. 13.

Lois
des 28 juillet 1824,
21 mai 1836
et 18 juillet 1837.

Lorsque le chemin n'aura pas la largeur fixée par l'arrêté préfectoral, l'agent voyer dressera un plan sur lequel il indiquera les limites de la largeur à donner et celles des ouvrages accessoires déterminés dans l'article 11 qui précède. Ce plan sera accompagné d'un état faisant connaître la surface du terrain à occuper sur les parcelles de chaque riverain. Il sera soumis aux conseils municipaux.

ART. 14.

Le plan et l'état parcellaire seront soumis à l'approbation du préfet. L'arrêté portant cette approbation attribuera définitivement au chemin les terrains compris dans les limites fixées par le plan, et la commune pourra en prendre possession, en remplissant les conditions indiquées dans les articles 21 et suivants.

Toutefois, si l'élargissement atteint des propriétés bâties, l'occupation ne pourra avoir lieu qu'après le consentement amiable des propriétaires, ou après une expropriation poursuivie conformément aux dispositions de la loi.

SECTION II.

OUVERTURE ET REDRESSEMENT.

§ 1ᵉʳ. — *Chemins vicinaux ordinaires.*

ART. 15.

Lorsqu'il y aura lieu d'ouvrir ou de redresser un chemin vicinal, il sera dressé un plan auquel sera joint un nivellement et un rapport. Ces pièces seront déposées à la mairie et il sera procédé à une enquête, conformément à l'ordonnance du 23 août 1835. Le conseil municipal sera appelé à délibérer, tant sur l'utilité du projet que sur les réclamations consignées au procès-verbal d'enquête. Les pièces seront ensuite transmises au préfet par le sous-préfet, qui y joindra son avis ainsi que celui de l'agent voyer d'arrondissement.

ART. 16.

Sur le vu des délibération et avis ci-dessus, et sur l'avis de l'agent voyer en chef, un arrêté rendu, s'il y a lieu, par le préfet, conformément à l'article 16 de la loi du 21 mai 1836, après avoir classé les parties du chemin qui ne l'auraient pas été antérieurement, déclarera d'utilité publique et autorisera l'ouverture ou le redressement du chemin. Toutefois, lorsqu'il s'agira de terrains bâtis, l'utilité publique ne pourra être déclarée que par un décret, conformément à la loi du 8 juin 1864.

ART. 17.

S'il y a lieu à expropriation, il sera procédé à l'accomplissement des formalités prescrites par les articles 4, 5, 6, 7 et 12 de la loi du 3 mai 1841.

ART. 18.

Loi du 3 mai 1841,
art. 11 et 12.
Avis des sections
de l'intérieur
et des
travaux publics
du Conseil d'État,
du
12 décembre 1868.

Sur le vu des différentes pièces de l'instruction à laquelle il aura été procédé pour arriver à l'expropriation, le préfet déterminera, par un arrêté pris en conseil de préfecture, les propriétés qui devront être cédées et indiquera l'époque à laquelle il sera nécessaire d'en prendre possession. Cet arrêté ne sera soumis à l'approbation du Ministre de l'intérieur qu'autant que le conseil municipal aurait demandé une modification au tracé.

§.2. — *Chemins de grande communication et d'intérêt commun.*

ART. 19.

Lois des 21 mai 1836,
3 mai 1841,
8 juin 1864
et 18 juillet 1866.

Lorsqu'il y aura lieu d'ouvrir ou de redresser un chemin de grande communication ou d'intérêt commun et que toutes les formalités prescrites par l'article 1ᵉʳ, § 7, de la loi du 18 juillet 1866 auront été remplies, il sera procédé conformément aux dispositions des articles 15 à 18 ci-dessus. L'enquête aura lieu, suivant les cas, conformément aux dispositions de l'ordonnance du 23 août 1835 ou de celle du 18 février 1834.

SECTION III.

DISPOSITION SPÉCIALE.

ART. 20.

Les travaux concernant les chemins vicinaux de toutes classes, dans les limites de la zone frontière et dans le rayon des enceintes fortifiées, seront soumis aux dispositions des décrets des 16 août 1853 et 15 mars 1862.

CHAPITRE V.

ACQUISITIONS ET INDEMNITÉS DE TERRAINS.

SECTION 1ʳᵉ.

INDEMNITÉS DE TERRAINS POUR ÉLARGISSEMENT.

ART. 21.

L'arrêté du préfet qui prescrit l'élargissement d'un chemin vicinal de l'une des trois catégories et qui en détermine les limites, devra être notifié aux propriétaires des terrains au moins dix jours avant la prise de possession.

A l'expiration de ce délai, et sauf l'exception qui concerne les terrains bâtis, il pourra être procédé à l'exécution des travaux préalablement au règlement de l'indemnité.

S'il existe sur les terrains à occuper des arbres fruitiers ou de haute futaie, il en sera référé au préfet, et il pourra être sursis à l'abatage jusqu'au règlement de l'indemnité.

Arrêts de la Cour de cassation des 7 juin 1838, Bargheon; 10 juillet 1854, Labarthe.

ART. 22.

Si le propriétaire ne consent pas à l'abandon gratuit de la partie de terrain à réunir au chemin, le maire, assisté de l'agent voyer, traitera avec lui du montant de l'indemnité à allouer. S'il y a accord, le traité, signé par le maire et le propriétaire, sera soumis à l'acceptation du conseil municipal. Il ne sera valable qu'après l'approbation du préfet en conseil de préfecture, sauf le cas prévu par l'article 1er, 1°, de la loi du 24 juillet 1867.

Lois des 28 juillet 1824, 18 juillet 1837 et 24 juillet 1867, et décret du 25 mars 1852.

ART. 23.

Si l'indemnité ne peut être réglée à l'amiable, deux experts seront nommés, l'un par le propriétaire, l'autre par le sous-préfet. Dans le cas où une partie n'aurait pas nommé son expert, il y sera pourvu d'office par le juge de paix. En cas de discord, le juge de paix nommera un tiers expert sur le rapport duquel il statuera, à la requête de la partie la plus diligente.

Loi du 21 mai 1836, art. 15 et 17.

SECTION II.

ACQUISITIONS DE TERRAINS POUR OUVERTURE ET REDRESSEMENT.

ART. 24.

Si les propriétaires des terrains à occuper en font l'abandon gratuit ou s'ils acceptent les prix proposés, leur consentement sera constaté dans un acte dressé dans la forme administrative. Cet acte sera soumis au conseil municipal. Il ne sera valable qu'après l'approbation du préfet en conseil de préfecture, sauf le cas prévu par l'article 1er, 1°, de la loi du 24 juillet 1867.

Lois des 28 juillet 1824, art. 10, 18 juillet 1837, art. 19 et 46, 24 juillet 1867, et décret du 25 mars 1852.

ART. 25.

Si l'acquisition des terrains ne peut avoir lieu à l'amiable, le préfet transmettra au procureur impérial de l'arrondissement toutes les pièces

Lois des 21 mai 1836 et 3 mai 1841.

constatant l'accomplissement des formalités prescrites pour faire prononcer l'expropriation, et il sera procédé ensuite conformément aux dispositions de la loi du 3 mai 1841, sauf les modifications spécifiées par l'article 16 de celle du 21 mai 1836.

Les propriétaires peuvent consentir à l'occupation, sauf règlement ultérieur de l'indemnité par le jury conformément au paragraphe 5 de l'article 14 de la loi du 3 mai 1841.

SECTION III.

ACQUISITIONS DE TERRAINS POUR OUVRAGES ACCESSOIRES.

ART. 26.

Les terrains nécessaires pour l'établissement des ouvrages destinés à recevoir ou à écouler les eaux et de tous autres ouvrages accessoires, peuvent être acquis conformément à l'article 16 de la loi du 21 mai 1836.

SECTION IV.

DISPOSITIONS GÉNÉRALES.

ART. 27.

Loi du 3 mai 1841, art. 19; ordonnance du 18 avril 1842, art. 2, et décret du 14 juillet 1866.

Lorsque l'indemnité n'excédera pas 500 francs, le maire autorisé à cet effet par délibération du conseil municipal, approuvée par le préfet, pourra se dispenser de remplir les formalités de la purge des hypothèques.

CHAPITRE VI.

DÉCLASSEMENT DES CHEMINS.

SECTION Iʳᵉ.

CHEMINS VICINAUX ORDINAIRES.

ART. 28.

La demande de déclassement de tout ou partie d'un chemin vicinal sera adressée au préfet, soit par le conseil municipal, soit par tout intéressé.

ART. 29.

Lois des 28 juillet 1824 et 18 juillet 1837.

S'il y a lieu de donner suite à la demande de déclassement, il sera dressé un plan d'ensemble qui sera, avec cette demande, déposé pendant quinze jours à la mairie, afin que les intéressés puissent faire leurs observations, tant sur le déclassement que sur la destination ultérieure du chemin.

Avis de ce dépôt sera donné aux habitants par voie de publication et affiches en la forme ordinaire. Pareil avis devra être publié et affiché dans les communes voisines que ce déclassement pourrait intéresser.

A l'expiration du délai de quinzaine, les conseils municipaux, tant de la commune sur le territoire de laquelle le chemin est situé que des communes intéressées, seront appelés à délibérer.

ART. 30.

Le conseil municipal de la commune sur le territoire de laquelle le chemin est situé devra exprimer, dans sa délibération, s'il est d'avis que le chemin soit conservé à la circulation comme chemin rural ou s'il doit être supprimé.

Loi
du 18 juillet 1837.

ART. 31.

Les délibérations des conseils municipaux seront immédiatement transmises au préfet avec l'avis des agents voyers et du sous-préfet.

Sur le vu de ces pièces, et si l'avis du conseil municipal de la commune sur le territoire de laquelle se trouve le chemin est favorable au déclassement, il sera statué par le préfet, sur l'avis de l'agent voyer en chef.

Lois
des 28 juillet 1824,
21 mai 1836
et 18 juillet 1837.

ART. 32.

Expédition de l'arrêté préfectoral sera adressée au maire de la commune sur le territoire de laquelle le chemin est situé. Si le déclassement est prononcé, cette expédition sera annexée au tableau des chemins vicinaux. Avis de la décision sera, dans tous les cas, donné aux maires des communes dont les conseils municipaux auront été appelés à délibérer sur le déclassement.

SECTION II.

CHEMINS DE GRANDE COMMUNICATION ET D'INTÉRÊT COMMUN.

ART. 33.

Lorsque le conseil général aura pris en considération une proposition de déclassement d'un chemin de grande communication ou d'intérêt commun, ou lorsque le préfet croira devoir donner suite à une demande

Loi
du 18 juillet 1866,
art. 1er.

de déclassement, le préfet provoquera l'avis des conseils municipaux des communes intéressées et des conseils d'arrondissement, et le conseil général statuera définitivement.

Toutefois, lorsque le chemin à déclasser aura pour prolongement, sur le territoire d'un département voisin, soit un chemin de grande communication ou d'intérêt commun, soit une route départementale, il sera statué par un décret.

SECTION III.

DISPOSITIONS GÉNÉRALES.

ART. 34.

Lois
des 28 juillet 1824,
21 mai 1836
et 18 juillet 1837.

L'arrêté du préfet qui autorise le redressement d'un chemin vicinal ou qui prononce la réduction de sa largeur et en fixe les limites, emporte le déclassement des parties abandonnées. Leur destination ultérieure sera déterminée par une délibération du conseil municipal qui ne sera exécutoire qu'après approbation du préfet.

ART. 35.

L'enquête prescrite pour l'ouverture ou le redressement des chemins vicinaux servira en même temps pour l'aliénation des parties de terrains inutiles abandonnées ou déclassées, lorsque cette aliénation aura été prévue au projet.

CHAPITRE VII.

ALIÉNATIONS ET ÉCHANGES DE TERRAINS.

SECTION Iʳᵉ.

ALIÉNATIONS.

ART. 36.

Loi
du 28 juillet 1824,
art. 10.

Dans le cas où l'aliénation des terrains devenus inutiles à la voie publique n'aurait pas été décidée en même temps que le déclassement, le redressement ou la réduction de largeur d'un chemin vicinal, il ne pourra y être procédé qu'à la suite d'une enquête faite dans les formes prescrites par l'instruction ministérielle du 20 août 1825.

ART. 37.

Lorsque l'aliénation du sol de tout ou partie d'un chemin aura été autorisée, il sera produit un plan parcellaire et un état estimatif. Le maire de la commune mettra les propriétaires riverains du chemin en demeure de déclarer, dans le délai de quinzaine, s'ils entendent user du bénéfice de l'article 19 de la loi du 21 mai 1836 et se rendre acquéreurs du sol, en en payant la valeur déterminée soit à l'amiable, soit à dire d'experts.

Il sera dressé procès-verbal de cette mise en demeure.

Lois des 21 mai 1836, 18 juillet 1837, et décret du 25 mars 1852.

ART. 38.

Si les propriétaires font, dans le délai ci-dessus, leur soumission de se rendre acquéreurs du sol, et si l'accord s'établit sur le prix, la convention sera soumise à l'approbation du conseil municipal et du préfet. S'il y a désaccord sur le prix, le propriétaire devra, dans le délai de quinze jours, nommer son expert, conformément à l'article 17 de la loi du 21 mai 1836. Un second expert sera nommé par le sous-préfet.

Les deux experts, après avoir prêté serment, procéderont à l'évaluation du sol. En cas de discord, le tiers expert sera nommé par le conseil de préfecture.

Lois des 21 mai 1836 et 18 juillet 1837.

ART. 39.

Si les propriétés situées sur les deux rives du chemin appartiennent au même propriétaire, c'est à lui seul qu'appartiendra le droit de soumissionner le sol du chemin.

Si les propriétés situées sur les deux rives du chemin appartiennent à des propriétaires différents, et que l'un d'eux seulement fasse sa soumission de se rendre acquéreur, c'est en faveur de ce propriétaire que se fera la concession de la totalité du sol du chemin.

Si les deux propriétaires riverains font tous deux leur soumission de se rendre acquéreurs, le sol sera concédé à chacun d'eux jusqu'au milieu du chemin.

ART. 40.

Dans le cas où les propriétaires riverains d'un chemin supprimé déclareraient renoncer au bénéfice de l'article 19 de la loi du 21 mai 1836, ou s'ils n'avaient pas fait leur soumission ou nommé leur expert dans les délais prescrits par les articles 37 et 38 ci-dessus, le sol du chemin pourra être aliéné dans les formes déterminées pour la vente des terrains communaux.

ART. 41.

Le prix des terrains aliénés, en exécution des dispositions du présent chapitre, sera versé à la caisse municipale à titre de ressource extraordinaire, et pourra être affecté aux dépenses de la vicinalité, conformément à l'avis du conseil municipal.

SECTION II.

ÉCHANGES.

———

ART. 42.

Il pourra être procédé, par voie d'échange, avec ou sans soulte, à l'acquisition des terrains nécessaires pour l'élargissement, l'ouverture ou le redressement d'un chemin vicinal.

ART. 43.

Les échanges auront lieu dans les formes déterminées par l'article 10 de la loi du 28 juillet 1824.

ART. 44.

, A cet effet, il sera produit un plan parcellaire avec un état estimatif indiquant, pour chaque propriétaire, les portions de terrains à échanger, et, le cas échéant, la soulte à payer.

ART. 45.

Les terrains communaux dépendant d'un chemin vicinal ne pourront faire l'objet d'un échange qu'après avoir été préalablement distraits, dans les formes légales, du sol de ce chemin.

L'échange ne pourra avoir lieu avec un tiers qu'autant que le propriétaire riverain n'aura pas déclaré, dans les délais prescrits, vouloir bénéficier des dispositions de l'article 19 de la loi du 21 mai 1836.

ART. 46.

S'il y a soulte en faveur de la commune, le montant en sera versé dans la caisse municipale, à titre de ressource extraordinaire, conformément aux dispositions de l'article 41 ci-dessus.

CHAPITRE VIII.

INDEMNITÉS POUR EXTRACTIONS DE MATÉRIAUX ET POUR OCCUPATION TEMPORAIRE
DE TERRAINS.

SECTION Ire.

DÉSIGNATION DES TERRAINS.

ART. 47.

Les projets rédigés pour la construction, la réparation ou l'entretien
des chemins vicinaux indiqueront les carrières et les propriétés dont
l'occupation temporaire serait nécessaire, soit pour l'extraction, soit pour
le dépôt de terres et matériaux, soit pour tout autre objet relatif à l'exécution des travaux.

ART. 48.

Dans le cas où, pendant le cours des travaux, il deviendrait nécessaire
d'occuper des terrains autres que ceux indiqués aux devis, la désignation en sera faite par le préfet, sur la proposition des agents voyers et
sur l'avis du maire pour les chemins vicinaux ordinaires, sur la proposition des agents voyers pour les chemins vicinaux de grande communication et d'intérêt commun.

ART. 49.

Les propriétés communales et le lit des rivières et ruisseaux seront
choisis de préférence pour le ramassage et l'extraction des matériaux;
à leur défaut seulement, les autres propriétés seront désignées à cet effet.

Les lieux plantés en arbres fruitiers ou en vignes seront exceptés autant
que possible.

ART. 50.

Les propriétés fermées de murs ou autres clôtures équivalentes d'après
les usages du pays, et attenantes à une habitation, ne pourront être désignées sans le consentement formel et préalable des propriétaires.

Arrêts du Conseil
des
7 septembre 1755
et
20 mars 1780.

SECTION II.

OCCUPATION DE TERRAINS PAR CONVENTION AMIABLE.

ART. 51.

Si le propriétaire d'un terrain désigné conformément aux dispositions
qui précèdent ne consent à l'occupation pour le dépôt ou l'extraction de

Lois des 21 mai 1836
et 18 juillet 1837.

matériaux que moyennant indemnité, le taux de cette indemnité sera, autant que possible, réglé à l'amiable.

Les conventions souscrites à ce sujet, pour les chemins vicinaux ordinaires, seront soumises à l'approbation du conseil municipal, et la délibération intervenue sera, s'il y a lieu, homologuée par le préfet.

Lorsque l'occupation devra avoir lieu pour le service des chemins de grande communication ou d'intérêt commun, le règlement amiable conclu avec le propriétaire sera soumis au préfet, pour être approuvé, s'il y a lieu, sur le rapport de l'agent voyer en chef.

Ces dispositions ne sont pas applicables au cas où les indemnités sont à la charge des entrepreneurs.

SECTION III.

OCCUPATION D'OFFICE DES TERRAINS.

ART. 52.

Loi du 21 mai 1836, art. 17.

Lorsque le propriétaire refusera de consentir à l'occupation, un arrêté sera pris par le préfet pour l'autoriser.

Cet arrêté sera notifié au propriétaire avec mise en demeure de se faire représenter sur les lieux, à l'heure et au jour fixés, dans un délai qui ne sera pas inférieur à dix jours, pour constater, contradictoirement avec un agent de l'administration désigné par le sous-préfet, l'état du terrain.

ART. 53.

La notification mentionnée dans le dernier paragraphe de l'article 52 sera faite administrativement aux parties intéressées et constatée par un reçu des parties ou par un procès-verbal de l'agent chargé de la notification. Une copie de ce procès-verbal sera laissée au domicile de la partie intéressée, et la minute déposée à la mairie.

ART. 54.

Le délai entre la notification de l'arrêté et la reconnaissance des terrains sera augmenté d'un jour par trois myriamètres de distance entre la situation des lieux et le domicile des intéressés.

ART. 55.

A défaut par le propriétaire de se faire représenter, la constatation sera faite d'office par l'agent de l'administration. Le procès-verbal de l'opération, destiné à fournir les éléments nécessaires pour évaluer la dépréciation du terrain ou faire l'estimation du dommage causé, sera déposé à la mairie du lieu d'extraction.

Les travaux pourront être commencés immédiatement après ce dépôt.

ART. 56.

Immédiatement après l'extraction des matériaux ou la fin de l'occupation temporaire des terrains, et à la fin de chaque campagne, si les travaux doivent durer plusieurs années, il sera procédé, à la requête de la partie la plus diligente, au règlement de l'indemnité, conformément aux prescriptions de l'article 17 de la loi du 21 mai 1836.

SECTION IV.

DÉPÔTS PROVENANT DES CHEMINS.

ART. 57.

Les matières provenant de la chaussée, des accotements, des fossés et talus dépendant des chemins vicinaux pourront être, au besoin, déposées sur les propriétés riveraines. En cas d'opposition, il sera procédé comme en matière d'occupation temporaire de terrains.

Toutefois, ces matières ne pourront être déposées sur les propriétés riveraines qu'après enlèvement des récoltes.

Loi du 21 mai 1836, art. 17.

SECTION V.

PAYEMENT DES INDEMNITÉS.

ART. 58.

Si le cahier des charges ne met pas aux frais de l'entrepreneur les indemnités, ces indemnités réglées ainsi qu'il vient d'être dit seront payées par les communes, lorsque les travaux se feront sur des chemins vicinaux ordinaires, et sur les fonds centralisés affectés aux travaux, lorsqu'il s'agira de chemins vicinaux de grande communication ou d'intérêt commun.

ART. 59.

L'entrepreneur à la charge duquel le payement de ces indemnités aura été mis ne pourra toucher le solde de son entreprise ni être remboursé de son cautionnement que lorsqu'il aura justifié, par des quittances en forme, les avoir payées.

SECTION VI.

DISPOSITIONS DIVERSES.

ART. 60.

Arrêt du Conseil du 7 septembre 1755. Code pénal, art. 438.

A l'expiration des délais fixés en l'article 52 ci-dessus, et après la reconnaissance préalable des lieux, les propriétaires, locataires ou fermiers ne pourront apporter aucun trouble ou empêchement à l'occupation des terrains ou à l'extraction des matériaux.

Tout trouble ou empêchement à ces opérations serait constaté par un procès-verbal qui serait transmis à M. le procureur impérial, pour y être donné telle suite que de droit.

ART. 61.

Règlement général. art. 20f.

Aucune carrière ne pourra être ouverte et les fouilles ne pourront être poussées à une distance moindre de la limite des chemins vicinaux que celle prescrite par le règlement préfectoral, sans une autorisation spéciale du préfet.

ART. 62.

Lorsqu'il sera nécessaire de faire opérer des extractions de matériaux dans les bois régis par l'administration des forêts, ou de faire occuper temporairement des terrains dépendant de ces bois, il sera procédé conformément aux dispositions de l'ordonnance royale du 8 août 1845. Si les terrains à occuper ou à fouiller dépendent de propriétés régies par l'administration des domaines, des mesures analogues seront concertées avec les agents de cette administration.

TITRE II.

CRÉATION ET RÉPARTITION DES RESSOURCES.

Nomenclature des ressources.

ART. 63.

Les ressources applicables aux dépenses des chemins vicinaux se composent :

1° De ressources ordinaires et de ressources extraordinaires créées par les communes;

2° De ressources éventuelles.

Elles se divisent comme il suit :

1° Ressources créées par les communes........

- **Ressources ordinaires.** *(Loi du 21 mai 1836, art. 2.)*
  - Revenus ordinaires.
  - Prestations en nature.
  - Centimes spéciaux ordinaires.

- **Ressources extraordinaires.**
  - Centimes spéciaux extraordinaires. *(Loi du 24 juillet 1867, art. 3.)*
  - Quatrième journée de prestation. *(Loi du 11 juillet 1868, art. 3.)*
  - Impositions extraordinaires autorisées par des décisions ou des lois spéciales.
  - Emprunts
    - à la caisse des chemins vicinaux.
    - à d'autres caisses.
  - Allocations sur les fonds libres, sur les produits de coupes extraordinaires de bois, de ventes de terrains, etc.

2° Ressources éventuelles........

- Souscriptions particulières.
- Subventions industrielles. *(Loi du 21 mai 1836, art. 14.)*
- **Subventions départementales**
  - sur centimes spéciaux et sur centimes facultatifs. *(Loi du 21 mai 1836, art. 8, et loi annuelle de finances.)*
  - sur impositions extraordinaires ou sur emprunts autorisés soit par des lois spéciales, soit en vertu de la loi du 11 juillet 1868.
- **Subventions de l'État**
  - sur les fonds créés par la loi du 11 juillet 1868.
  - sur d'autres fonds.

A ces ressources s'ajoutent les restes en caisse ou à recouvrer, à la clôture de chaque exercice, sur les fonds affectés au service vicinal pendant l'année précédente.

CHAPITRE 1er.

RESSOURCES À CRÉER PAR LES COMMUNES.

SECTION 1re.

OPÉRATIONS PRÉLIMINAIRES ET VOTES DES RESSOURCES.

ART. 64.

Les contingents ordinaires communaux pour les chemins de grande communication et d'intérêt commun seront fixés chaque année par le préfet, sur les propositions de l'agent voyer en chef.

Règlement général, art. 62.

En conséquence, l'agent voyer en chef préparera, dans le courant du mois de mars, un état sommaire des besoins auxquels il y aura lieu de faire face l'année suivante sur chaque chemin. Il indiquera les contingents que les communes pourraient être appelées à fournir et pour quelle part ces contingents devront être prélevés sur les revenus ordinaires et sur le produit des prestations et des centimes spéciaux ordinaires (*modèle n° 1*).

ART. 65.

Règlement général, art. 63.

Du 1ᵉʳ au 15 avril de chaque année il sera dressé, par l'agent voyer cantonal, un état sommaire indiquant : la situation des chemins vicinaux ordinaires de la commune ; les dépenses à faire pendant l'année suivante, tant pour l'entretien, que pour l'achèvement complet de ces chemins ; les ressources qui pourront être affectées à ces dépenses ; l'emploi à faire du reliquat de l'exercice précédent (*modèle n° 2*).

Cet état comprendra les contingents demandés pour les chemins de grande communication et d'intérêt commun, conformément à l'article précédent.

L'état, vérifié par l'agent voyer d'arrondissement et présenté par l'agent voyer en chef sera transmis au maire pour être communiqué au conseil municipal, dans sa session de mai, avec l'arrêté de mise en demeure prescrit par l'article 5 de la loi du 21 mai 1836 (*modèle n° 3*).

ART. 66.

Même règlement, art. 64.

Dans la session de mai, le conseil municipal sera appelé à voter, pour l'année suivante, les contingents fixés pour les chemins de grande communication et d'intérêt commun, ainsi que les ressources qu'il entendra affecter aux chemins vicinaux ordinaires, en distinguant le réseau subventionné du réseau non subventionné. Il sera invité, en même temps, à arrêter le tarif de la conversion des prestations en tâches et à délibérer sur l'emploi des reliquats des exercices précédents.

La délibération du conseil (*modèle n° 3*) sera transmise à la préfecture, avec l'avis du sous-préfet, dans les quinze jours qui suivront la clôture de la session. L'agent voyer en chef sera consulté sur cette délibération, qui ne deviendra exécutoire qu'après l'approbation du préfet. Il sera donné au directeur des contributions directes avis de cette approbation en ce qui concerne le vote des journées de prestation et des centimes.

SECTION II.

RESSOURCES ORDINAIRES.

ART. 67.

Loi du 21 mai 1836, art. 2.

Les ressources au moyen desquelles le conseil municipal doit d'abord faire face aux dépenses des chemins sont :

1° Les revenus ordinaires;

2° Et, en cas d'insuffisance, les prestations et les centimes spéciaux ordinaires, soit concurremment, soit indépendamment les uns des autres.

Ces ressources sont votées sans le concours des plus imposés.

ART. 68.

L'allocation des crédits sur les revenus ordinaires a lieu dans la limite des sommes disponibles et des besoins de la vicinalité.

ART. 69.

La prestation ne peut être votée que par journées entières, jusqu'à concurrence du maximum déterminé par la loi. Le même nombre de journées est appliqué à tous les éléments imposables.

ART. 70.

Si le conseil municipal néglige ou refuse de voter, dans la session de mai, les ressources nécessaires pour les chemins vicinaux, le préfet y pourvoit d'office.

Il prend, en conseil de préfecture, un arrêté pour inscrire au budget de la commune le crédit disponible sur les revenus ordinaires.

En cas d'insuffisance de ce crédit, et si le conseil n'a pas voté le maximum des journées et des centimes, un arrêté est pris par le préfet pour l'imposition d'office des centimes spéciaux ordinaires et des journées de prestation nécessaires, dans les limites de ce maximum.

Cet arrêté est notifié au maire de la commune ainsi qu'au directeur des contributions directes pour servir à l'assiette des rôles.

Loi du 21 mai 1836, art. 5.

ART. 71.

Les communes dans lesquelles les chemins vicinaux classés sont entièrement terminés pourront, sur la proposition du conseil municipal et après autorisation du conseil général, appliquer aux chemins publics ruraux l'excédant de leurs prestations disponibles, après avoir assuré l'entretien de leurs chemins vicinaux et fourni le contingent qui leur est assigné pour les chemins de grande communication et d'intérêt commun. Toutefois, elles ne pourront jouir de cette faculté que dans la limite maximum du tiers des prestations et lorsque, en outre, elles ne reçoivent, pour l'entretien de leurs chemins vicinaux ordinaires, aucune subvention de l'État ou du département.

Loi du 21 juillet 1870.

SECTION III.

RESSOURCES EXTRAORDINAIRES.

ART. 72.

Lois
des 24 juillet 1867
et 11 juillet 1868.

Le conseil municipal, assisté des plus imposés, pourra voter, jusqu'à concurrence de trois, les centimes spéciaux extraordinaires autorisés par la loi du 24 juillet 1867.

Si les charges extraordinaires de la commune excèdent 10 centimes, le conseil pourra, en vertu de l'article 3 de la loi du 11 juillet 1868 et pendant la période d'exécution de cette loi, opter entre les trois centimes et une quatrième journée de prestation.

Ces ressources ne pourront être appliquées qu'aux travaux des chemins vicinaux ordinaires.

ART. 73.

Lois
des 18 juillet 1837
et 24 juillet 1867.

Indépendamment des ressources mentionnées en l'article précédent, et en cas d'insuffisance des ressources ordinaires indiquées à l'article 67, le conseil municipal, assisté des plus imposés, pourra voter des centimes extraordinaires.

ART. 74.

Mêmes lois
et
loi du 21 mai 1836.

Le conseil municipal, assisté, s'il est nécessaire, des plus imposés, peut aussi accepter des avances de fonds ou voter des emprunts.

La délibération devra assurer le remboursement des avances et le service des emprunts; elle ne pourra le faire au moyen du produit des prestations et des centimes spéciaux ordinaires.

ART. 75.

Lois
des 18 juillet 1837,
art. 42,
et 24 juillet 1867,
art. 6.

Les allocations sur les ressources extraordinaires autres que les impositions ci-dessus définies peuvent être votées par le conseil municipal sans l'assistance des plus imposés.

SECTION IV.

ASSIETTE DE LA PRESTATION.

ART. 76.

Loi du 21 mai 1836,
art. 3.

Est passible de la prestation tout habitant de la commune, mâle, valide, âgé de dix-huit ans au moins et de soixante ans au plus, célibataire ou marié, quelle que soit sa profession, pourvu qu'il soit porté au rôle des contributions directes.

S'il est chef de famille ou d'établissement, à titre de propriétaire, de régisseur, de fermier ou de colon partiaire, il doit la prestation, non-seulement pour sa personne, mais encore pour chaque individu mâle, valide, âgé de dix-huit ans au moins, et de soixante ans au plus, membre ou serviteur de la famille et résidant dans la commune, ainsi que pour chaque bête de trait, de somme ou de selle, et pour chaque charrette ou voiture attelée, au service de la famille ou de l'établissement dans la commune.

Tout individu, même non habitant de la commune, même du sexe féminin, même invalide, même âgé de moins de dix-huit ans et de plus de soixante, même non porté nominativement aux rôles des contributions directes, s'il est chef d'une famille qui habite la commune, ou si, à titre de propriétaire, de régisseur, de fermier ou de colon partiaire, il est chef d'une exploitation agricole ou d'un établissement situé dans la commune, doit la prestation, non pour sa personne, mais pour tout ce qui, personnes ou choses, dans les conditions indiquées à l'alinéa précédent, dépend de l'exploitation ou de l'établissement dont il est propriétaire ou qu'il gère à quelque titre que ce soit.

ART. 77.

Le propriétaire qui a plusieurs résidences, qu'il habite alternativement, est passible de la prestation en nature dans la commune où il a son principal établissement.

S'il a, dans chacune de ces résidences, un établissement permanent en domestiques, voitures, bêtes de somme, de trait ou de selle, il doit être imposé, dans chaque commune, pour ce qui lui appartient dans cette commune.

Si ses domestiques, ses animaux et ses voitures passent avec lui temporairement d'une résidence à une autre, il ne doit être imposé, pour ses moyens d'exploitation, que dans le lieu de son principal établissement.

ART. 78.

Sont considérés comme serviteurs tous ceux qui ont dans la maison des fonctions subordonnées à la volonté du maître, et qui reçoivent des gages ou un salaire annuel et permanent.

Sont considérés comme membres de la famille les enfants qui habitent chez leur père, alors même qu'ils sont portés au rôle des contributions directes.

Arrêts
des 27 juin 1838,
Pagart;
25 janvier 1839,
Guyot;
27 avril 1840,
Barsalou;
11 mars 1843,
Barsaloa;
17 février 1848,
Petit-Guyot;
18 août 1857,
*chemin de fer de Lyon
à la Méditerranée;*
1er décembre 1858,
Horlaviele;
7 janvier 1859,
Lebrun;
3 mai 1861, *Robelin.*

Ne sont pas considérés comme serviteurs : 1° les ouvriers qui travaillent à la journée ou à la tâche, ou qui ne sont employés que passagèrement pendant le temps de la moisson ou d'un travail temporaire ; 2° les employés, contre-maîtres, chefs d'ateliers et maîtres ouvriers attachés à l'exploitation d'établissements industriels ; 3° les postillons titulaires des relais de poste ; 4° l'individu qui vit à son ménage.

Les individus compris dans ces différentes catégories doivent, s'il y a lieu, être imposés à la prestation en nature, pour leur propre compte, dans la commune de leur domicile ou du domicile de leur famille.

ART. 79.

Jurisprudence
du Conseil d'État :
Arrêts
des 25 janvier 1839,
Guyot;
9 juin 1842, *Bourrel;*
10 janv. 1845, *Seron;*
24 janvier 1845,
Lefranc;
22 juin 1848,
Velleaud;
29 mars 1854,
Tourvieille;
13 février 1856,
Lebrun;
1er déc. 1858, *Coste;*
9 janvier 1861,
Veillon;
7 septembre 1861,
commune de Saudron.

Ne donnent pas lieu à l'imposition de la prestation en nature : 1° les bêtes de somme, de trait ou de selle que leur âge, ou toute autre cause, ne permet pas d'assujettir au travail ; 2° celles qui sont destinées à la consommation, à la reproduction, et celles qui ne sont possédées que comme objet de commerce, à moins que, nonobstant leur destination, le possesseur n'en retire un travail ; 3° les chevaux des relais de poste, mais seulement dans la limite du nombre fixé pour chaque relais par les règlements de l'administration des postes ; 4° les chevaux que les agents du Gouvernement sont tenus, par les règlements émanés de leur administration, de posséder pour l'accomplissement de leur service.

ART. 80.

Jurisprudence
du Conseil d'État :
Arrêts
des 14 déc. 1837,
Davoust;
12 juin 1845,
Hesse;
23 avril 1852,
Épailly.

Ne doivent être considérées comme attelées et, par conséquent, donner lieu à l'imposition de la prestation en nature, que les voitures dont le propriétaire possède d'une manière permanente le nombre de chevaux ou d'animaux de trait nécessaire pour qu'elles puissent être employées simultanément.

ART. 81.

Règlement général,
art. 4.

Il sera rédigé, pour chaque commune, par le contrôleur des contributions directes, assisté du maire, des répartiteurs et du receveur municipal, un état matrice des contribuables soumis à la prestation.

Pour faciliter la rédaction de cette matrice, le receveur municipal est tenu de garder état de tous les changements survenus dans la situation des contribuables et dont il a connaissance. Il prend note de tous les individus qui, par oubli ou autrement, n'auraient pas été compris dans les matrices précédentes, ainsi que des erreurs signalées par les agents voyers.

ART. 82.

L'ordre des tournées du contrôleur sera réglé par le directeur des contributions directes qui en informera le préfet. Les maires en seront prévenus à l'avance par les soins de l'administration des contributions directes pour qu'ils convoquent les répartiteurs en temps utile. Le receveur municipal sera averti par le trésorier payeur général.

Règlement général, art. 5

ART. 83.

Si le maire et les répartiteurs refusent de prêter leur concours pour la rédaction de l'état matrice, le contrôleur, assisté du receveur municipal, procédera à la formation de cet état, qui sera, dans ce cas, soumis, par le directeur et avec son avis, à l'approbation du préfet.

Toutes les difficultés relatives à la confection de l'état matrice seront soumises au préfet.

Même règlement, art. 6.

ART. 84.

L'état matrice présentera pour chaque article : 1° les nom et prénoms et le domicile de l'individu sur lequel la cote est assise; 2° le nombre des membres ou serviteurs de la famille, celui des bêtes de trait ou de selle et celui des charrettes ou des voitures attelées qui doivent servir de base à l'imposition.

L'état matrice sera divisé en sections correspondant à celles du cadastre et dressé par ordre alphabétique du nom des contribuables; il sera disposé de manière à pouvoir servir pendant trois ans. Un certain nombre d'articles sera laissé en blanc à la fin de l'état, pour recevoir les additions qui deviendraient nécessaires au moment de chaque révision annuelle.

L'état matrice sera soumis à l'approbation du préfet lors de son renouvellement intégral.

Même règlement, art. 7.

ART. 85.

L'état matrice sera, aussitôt après sa confection ou sa révision, transmis au directeur; il servira de base à la rédaction du rôle que le directeur devra préparer pour la commune, en raison du nombre de journées votées ou imposées d'office et suivant la notification qu'il en aura reçue du préfet.

Même règlement, art. 8.

ART. 86.

Le rôle présentera, pour chaque article, le montant total en argent de chaque cote et le détail de son évaluation, par chaque espèce de journées,

Même règlement, art. 9.

d'après l'état matrice et d'après le tarif arrêté par le conseil général
du département, conformément aux dispositions du 1ᵉʳ paragraphe de
l'article 4 de la loi du 21 mai 1836.

Il portera en tête la mention de la délibération du conseil municipal
qui aura voté la prestation, ou de l'arrêté du préfet qui aura ordonné
une imposition d'office.

Il sera arrêté et certifié par le directeur des contributions directes
et rendu exécutoire par le préfet.

Si un rôle supplémentaire est nécessaire, il sera dressé de la même
manière que le rôle primitif.

ART. 87.

*Règlement général,
art. 10.*

Indépendamment du rôle, le directeur des contributions directes préparera les avertissements aux contribuables et les remettra au préfet en
même temps que le rôle.

Ces avertissements (*modèle n° 4*) comprendront tous les détails portés
au rôle ; ils indiqueront la date de la délibération du conseil municipal
ou de l'arrêté d'imposition d'office du préfet ainsi que celle de la décision rendant le rôle exécutoire, et contiendront une mise en demeure
aux contribuables de déclarer, dans le délai d'un mois, à dater de la
publication du rôle, s'ils entendent se libérer en nature, avec avis qu'à
défaut de déclaration leur cote sera de droit exigible en argent aux
termes de l'article 4 de la loi du 21 mai 1836.

ART. 88.

*Même règlement,
art. 11.*

Le rôle et les avertissements seront transmis au préfet par le directeur, au fur et à mesure de leur rédaction, et de manière que la publication du rôle ait lieu au plus tard le 1ᵉʳ novembre.

ART. 89.

*Même règlement,
art. 12.*

Le préfet enverra ces pièces, par l'intermédiaire du trésorier payeur
général, au receveur municipal.

Ce dernier remettra immédiatement le rôle au maire de la commune,
qui devra en faire la publication à l'époque fixée à l'article précédent et
dans les formes prescrites pour les rôles des contributions directes. Aussitôt après cette publication, qui sera certifiée par le maire sur le rôle
même, le receveur municipal fera parvenir sans frais les avertissements
aux contribuables.

ART. 90.

*Même règlement,
art. 13.*

Si le maire négligeait ou refusait de faire la publication du rôle, ainsi que de recevoir les déclarations d'option dont il va être parlé, le préfet y ferait procéder par un délégué spécial en vertu de l'article 15 de la loi du 18 juillet 1837.

ART. 91.

Les déclarations d'option seront reçues par le maire et inscrites immédiatement et à leur date, sur un registre spécial (*modèle n° 5*); elles seront constatées soit par la signature du déclarant, soit par une croix apposée par lui en présence de deux témoins, soit par l'annexion au registre, du bulletin rempli, daté, signé par le contribuable et envoyé au maire après avoir été détaché de la feuille d'avertissement (*modèle n° 4*).

A défaut de l'accomplissement de ces formalités, la cote sera exigible en argent.

ART. 92.

A l'expiration du délai d'un mois fixé par l'article 87, le registre des déclarations sera clos par le maire, puis transmis au receveur municipal qui le vérifiera et en annotera les indications dans une colonne spéciale du rôle.

ART. 93.

Dans la quinzaine qui suivra, le receveur municipal dressera et enverra au préfet, pour être transmis au maire, un extrait du rôle comprenant, suivant l'ordre des articles, le nom de chacun des contribuables qui aura déclaré vouloir s'acquitter en nature, ainsi que le nombre des journées d'homme, d'animaux et de charrois qu'il devra exécuter et le montant total de sa cote (*modèle n° 6*).

Cet extrait du rôle sera totalisé et certifié exact par le receveur municipal; il comportera le résumé des cotes inscrites au rôle et l'indication du total des cotes exigibles en argent par suite de non-déclaration d'option.

Le receveur municipal joindra à cet extrait un état comprenant, pour chacune des communes de sa perception, le montant total du rôle et sa division en nature et en argent, d'après les déclarations d'option (*modèle n° 7*).

ART. 94.

Les demandes en dégrèvement de la part des contribuables devront être présentées, avant le 31 mars, au sous-préfet de l'arrondissement; elles pourront être libellées sur papier libre.

Ces demandes seront instruites et jugées comme celles concernant les contributions directes; elles seront communiquées aux répartiteurs, puis vérifiées par le contrôleur et par le directeur des contributions directes.

Si l'avis du directeur est défavorable au réclamant, ce dernier en recevra communication et pourra faire ses observations.

Il sera ensuite statué par le conseil de préfecture, sauf recours au Conseil d'État.

Ce recours pouvant, comme en matière de contributions directes, être exercé sans le ministère d'un avocat, les pourvois des intéressés seront adressés au préfet qui y donnera suite.

ART. 95.

Loi
du 18 juillet 1837,
art. 10 et 19.

Les communes pourront, de la même manière, et par la même voie, se pourvoir, dans leur intérêt, contre un arrêté du conseil de préfecture dégrévant un prestataire. Les pourvois seront formés par les maires, sur la seule délibération du conseil municipal, sans qu'il soit besoin de l'autorisation du conseil de préfecture.

ART. 96.

A la fin de chaque année, le préfet, après avoir pris l'avis de l'agent voyer en chef, déterminera à quels chemins seront appliquées les décharges, remises et non-valeurs accordées sur les prestations.

L'état de ces imputations (*modèle n° 8*) sera transmis à l'agent voyer en chef et au receveur municipal.

Les décharges ne seront pas portées en dépense par l'agent voyer en chef; elles constituent une réduction de ressource.

ART. 97.

Loi
du 24 juillet 1824,
art. 5.

Les cotes payables en argent pour défaut de déclaration seront exigibles par douzièmes.

Il en sera de même de celles à payer en argent par suite de l'inexécution ou de l'exécution incomplète des travaux ou des journées demandées au prestataire; mais le premier payement fait par le contribuable devra comprendre les douzièmes échus.

ART. 98.

Même loi.

Les poursuites à exercer, pour la rentrée des cotes exigibles en argent, seront faites comme en matière de contributions directes.

ART. 99.

Loi
du 18 juillet 1837,
art. 62 et 67.
Décret
du 31 mai 1862,
art. 512, 516, 518,
543.

Les percepteurs receveurs municipaux sont responsables envers les communes du recouvrement des rôles de prestation, comme du recouvrement de toute autre ressource communale.

Si, à l'époque de la clôture de l'exercice, ces rôles n'étaient pas entièrement soldés, les restes à recouvrer seraient reportés au budget supplémentaire de la commune pour l'exercice suivant. Le comptable s'exposerait à être forcé en recette, s'il ne prenait soin de justifier, au moment où le compte de l'exercice clos est rendu au conseil municipal, qu'il a fait toutes diligences pour opérer le recouvrement exact des rôles, et s'il ne prouvait que la rentrée des ressources encore dues n'a été retardée que par des obstacles qu'il lui a été impossible de surmonter. Dans ce cas, il devrait demander l'approbation de l'état des cotes qu'il n'a pu recouvrer.

ART. 100.

Les contrôleurs des contributions directes recevront un centime et demi par article pour la rédaction des états matrices et l'examen des réclamations présentées par les contribuables.

Il sera alloué au directeur des contributions directes quatre centimes par article pour la rédaction des rôles de prestation, l'expédition des avertissements et la fourniture des imprimés nécessaires pour ces pièces et pour les états matrices.

Les remises seront acquittées sur les ressources communales, et leur montant sera centralisé à la caisse du trésorier payeur général, au compte des cotisations municipales.

Règlement général, art. 17.

CHAPITRE II.

RESSOURCES ÉVENTUELLES.

SECTION Ire.

SOUSCRIPTIONS PARTICULIÈRES.

ART. 101.

Les souscriptions particulières applicables aux dépenses des chemins vicinaux ordinaires seront acceptées par le conseil municipal, sous l'approbation du préfet donnée sur l'avis de l'agent voyer en chef.

Les souscriptions applicables aux chemins de grande communication et aux chemins d'intérêt commun seront acceptées par le préfet, sur la proposition de l'agent voyer en chef.

Avis de l'acceptation sera donné aux souscripteurs. Si la souscription est faite par listes collectives, cette acceptation sera portée à la connaissance des souscripteurs par une simple publication faite dans la commune suivant la forme ordinaire

Lois des 21 mai 1836, art. 7, 18 juillet 1837 et décret du 25 mars 1852.

ART. 102.

Le recouvrement des souscriptions en argent sera fait conformément aux dispositions de l'article 63 de la loi du 18 juillet 1837.

Si les souscriptions ont été faites en journées de prestation, et qu'il y ait lieu d'en poursuivre le recouvrement en argent, elles pourront être évaluées conformément au tarif adopté pour la prestation dans la commune sur le territoire de laquelle les travaux auraient dû être exécutés. Dans les autres cas, le recouvrement sera fait d'après la valeur indiquée sur la liste de souscription.

SECTION II.

OFFRES DE CONCOURS DES COMMUNES POUR LES CHEMINS DE GRANDE COMMUNICATION ET D'INTÉRÊT COMMUN.

ART. 103.

Indépendamment des contingents fixés par le préfet, les communes peuvent faire offre, à titre de concours, de sommes prélevées sur leurs revenus ordinaires, sur les fonds libres, sur ceux restés sans emploi à la fin de l'exercice, sur le produit des 5 centimes spéciaux et des prestations, ou sur toute autre ressource.

L'assistance des plus imposés sera nécessaire lorsque l'offre de concours comportera une imposition extraordinaire, sauf l'exception prévue par l'article 42 de la loi du 18 juillet 1837.

ART. 104.

Loi
du 21 mai 1836,
art. 7.

Les offres de concours des communes seront acceptées par le préfet sur l'avis de l'agent voyer en chef. Notification de cette acceptation sera faite au maire.

ART. 105.

Loi
du 18 juillet 1837,
art. 30, n° 21.

L'acceptation régulière de l'offre de concours d'une commune constitue pour celle-ci un engagement obligatoire, sauf exécution des conditions auxquelles le concours a été offert.

SECTION III.

SUBVENTIONS INDUSTRIELLES.

ART. 106.

Chaque année, au commencement du mois de janvier, il sera publié et affiché, dans les communes où il y aura lieu d'appliquer l'article 14 de la loi du 21 mai 1836, un tableau des chemins vicinaux ordinaires, d'intérêt commun et de grande communication entretenus à l'état de viabilité (*modèle n° 9*).

Ce tableau, préparé par l'agent voyer cantonal, sera arrêté par le maire pour les chemins vicinaux ordinaires, et par le préfet pour ceux de grande communication et d'intérêt commun.

ART. 107.

La publication et l'affichage seront constatés par un certificat délivré par le maire et contenant les énonciations du tableau (*modèle n° 10*).

Ce certificat sera adressé au sous-préfet de l'arrondissement dix jours après la publication.

ART. 108.

Dans les dix jours qui suivront la publication, les intéressés seront admis à présenter leurs observations sur l'état des chemins, et à demander que cet état soit constaté contradictoirement entre eux ou leurs représentants et les agents de l'administration.

Cette constatation aura lieu dans les dix jours de la réclamation. Elle sera faite par l'agent voyer cantonal en présence du maire, pour les chemins vicinaux ordinaires, et par l'agent voyer d'arrondissement ou son délégué, pour les chemins de grande communication et d'intérêt commun.

Faute par les intéressés ou leurs représentants de se rendre à la convocation qui leur sera adressée, la constatation sera faite par l'agent voyer.

Le procès-verbal constatant le résultat de cette opération sera déposé, pour y rester à la disposition des parties, à la mairie, pour les chemins vicinaux ordinaires, et à la préfecture, pour les chemins de grande communication et d'intérêt commun.

Les chemins qui n'auront fait l'objet d'aucune observation seront considérés comme étant en état de viabilité par le seul fait de la publication du tableau, et leur dégradation ultérieure pourra donner lieu à des demandes de subventions.

ART. 109.

Le droit reste ouvert à tout intéressé, dont les transports ne commenceraient que dans le courant de l'année, de demander que la constatation de l'état du chemin soit faite à une époque voisine du commencement de son exploitation. Dans ce cas, il devra adresser sa réclamation au maire, pour les chemins vicinaux ordinaires, ou au sous-préfet, pour les chemins de grande communication et d'intérêt commun, au moins vingt jours avant le commencement de ses transports. La reconnaissance de l'état du chemin aura lieu comme il a été dit ci-dessus.

ART. 110.

Dans le courant du mois de janvier de chaque année, l'agent voyer cantonal pour les chemins vicinaux ordinaires, l'agent voyer d'arrondissement pour ceux de grande communication et d'intérêt commun, prépareront un état, par commune ou par chemin, des subventions à réclamer en raison des dégradations commises dans le courant de l'année précédente.

Si la dégradation a été temporaire et si les transports se sont terminés avant la fin de l'année, l'agent voyer préparera l'état des subventions dans le mois qui suivra l'achèvement des transports.

ART. 111.

L'état relatif aux chemins vicinaux ordinaires sera remis au maire, après avoir été visé par l'agent voyer d'arrondissement; celui relatif aux chemins vicinaux de grande communication et d'intérêt commun sera remis au préfet après avoir été visé par l'agent voyer en chef.

Les subventions dues pour les dégradations des chemins de grande communication et d'intérêt commun seront réclamées par le préfet; celles concernant les chemins vicinaux ordinaires seront réclamées par les maires des communes intéressées; toutefois, ceux-ci pourront demander au préfet d'ordonner et de suivre, au nom de la commune, l'accomplissement des formalités et des opérations nécessaires pour arriver au règlement des subventions.

ART. 112.

Notification de la demande de subvention sera faite, par voie administrative, à chaque industriel ou propriétaire, avec invitation de faire connaître, dans le délai de dix jours, au préfet pour les chemins de grande communication et d'intérêt commun, au maire pour les chemins vicinaux ordinaires, s'il adhère à la demande de l'Administration.

Dans le cas où il ne donnerait pas son adhésion, il serait procédé conformément à l'article 17 de la loi du 21 mai 1836.

Il sera produit aux experts tous les renseignements qui auront servi de base à la préparation de l'état prescrit par l'article 110.

ART. 113.

La notification des décisions du conseil de préfecture qui sera faite aux industriels, aux propriétaires, ou aux entrepreneurs, contiendra l'invitation de faire connaître, dans le délai de quinze jours, s'ils entendent se libérer en nature ou en argent.

Leur déclaration devra être adressée au préfet pour les chemins de grande communication et d'intérêt commun, et au maire pour les chemins vicinaux ordinaires.

L'absence de déclaration dans le délai fixé sera considérée comme une option pour le payement en argent, et le montant de la subvention sera immédiatement exigible.

ART. 114.

Si le subventionnaire a déclaré vouloir se libérer en nature, il sera procédé selon les règles indiquées pour l'exécution de la prestation.

ART. 115.

Les subventions pourront être réglées par voie d'abonnement.

Dans ce cas, le montant en sera arrêté à une somme fixe payable chaque année en nature, ou en argent, pour une période déterminée.

Pour les chemins vicinaux ordinaires, cet abonnement sera soumis à l'approbation du conseil municipal, et réglé définitivement par le préfet en conseil de préfecture; avis en sera donné à l'agent voyer en chef et au receveur municipal.

Les abonnements relatifs aux chemins de grande communication et d'intérêt commun seront réglés par le préfet en conseil de préfecture sur la proposition de l'agent voyer en chef.

Loi du 21 mai 1836, art. 14.

ART. 116.

Le recouvrement des subventions en argent sera opéré comme en matière de contributions directes.

Les subventions dues pour les chemins de grande communication et d'intérêt commun seront recouvrées à la diligence du trésorier payeur général.

Loi du 21 mai 1836, art. 14.

ART. 117.

Le produit des subventions industrielles sera exclusivement appliqué à la réparation du chemin qui aura subi les dégradations, ou employé au remboursement des dépenses faites pour cette réparation.

SECTION IV.

PRESTATIONS PAR SUITE DE CONDAMNATIONS JUDICIAIRES.

ART. 118.

**Loi
du 18 juin 1859.
Décret
du
21 décembre 1859,
art. 3 à 10.**

Lorsqu'il y aura lieu d'employer dans une commune des prestations provenant de la conversion de condamnations pour délits forestiers, le préfet, sur la proposition de l'agent voyer en chef, désignera les chemins sur lesquels ces prestations devront être effectuées.

SECTION V.

SUBVENTIONS DU DÉPARTEMENT ET DE L'ÉTAT EN FAVEUR DES CHEMINS VICINAUX ORDINAIRES.

ART. 119.

**Règlement général,
art. 65.**

Chaque année, l'agent voyer en chef remettra au préfet, pour être soumises au conseil général, des propositions de répartition des subventions à accorder aux communes pour les chemins vicinaux ordinaires sur les fonds du département et sur ceux de l'État.

CHAPITRE III.

DISPOSITIONS GÉNÉRALES.

ART. 120.

**Même règlement,
art. 66.**

Toutes les décisions relatives à la création de ressources applicables aux chemins vicinaux seront notifiées à l'agent voyer en chef par le préfet.

ART. 121.

**Même règlement,
art. 67.**

Les ressources créées pour le service des chemins vicinaux, quelle que soit leur origine et qu'elles consistent en argent ou en prestations en nature, ne peuvent, sous aucun prétexte, être appliquées à des dépenses étrangères à ce service, ni à des chemins qui n'auraient pas été légalement reconnus et classés vicinaux, sauf les cas prévus par les lois des 12 juillet 1865 et 21 juillet 1870.

Les ressources créées en vue d'une dépense spéciale ne pourront recevoir une autre destination à moins d'une autorisation régulière.

Tout emploi, soit de fonds, soit de prestations en nature, effectué contrairement aux règles ci-dessus, sera rejeté des comptes et mis à la charge du comptable ou de l'ordonnateur, selon le cas.

CHAPITRE IV.

RÉPARTITION DES RESSOURCES ET FORMATION DES BUDGETS.

SECTION PREMIÈRE.

CHEMINS DE GRANDE COMMUNICATION ET D'INTÉRÊT COMMUN.

ART. 122.

Chaque année l'agent voyer d'arrondissement fournit à l'agent voyer en chef pour chaque chemin de grande communication et d'intérêt commun, un projet de budget, faisant connaître les dépenses à effectuer dans l'exercice suivant et les ressources qui pourraient y être appliquées (*modèle n° 11*).

Règlement général, art. 68.

L'agent voyer en chef remet ensuite au préfet, pour être soumises au conseil général, ses propositions pour l'allocation de subventions par le département et pour la répartition, sur chaque chemin, de ces subventions et de celles de l'État, tant pour les travaux d'entretien que pour les travaux neufs et de grosses réparations (*modèle n° 12*).

Il propose en même temps l'allocation des crédits destinés aux dépenses générales : traitement du personnel, frais d'impression, etc.

ART. 123.

Après avoir reçu la notification des crédits alloués au budget départemental, l'agent voyer en chef propose, pour être soumise à l'approbation du préfet, la sous-répartition des crédits de chaque chemin et la composition définitive des budgets (*modèle n° 11*).

Même règlement, art. 69.

SECTION II.

CHEMINS VICINAUX ORDINAIRES.

ART. 124.

Dans la session du mois de novembre, le conseil municipal de chaque commune sera appelé à délibérer sur l'emploi des ressources applicables aux travaux pour l'année suivante, d'après un budget préparé par

Même règlement, art. 70.

l'agent voyer cantonal, de concert avec le maire, et vérifié par l'agent voyer d'arrondissement (*modèle n° 13*).

ART. 125.

Les budgets des chemins vicinaux ordinaires seront soumis à la ratification du préfet.

SECTION III.

DISPOSITIONS GÉNÉRALES.

ART. 126.

Dans les premiers mois de chaque année, le préfet prend, sur la proposition de l'agent voyer en chef, un arrêté fixant, dans chaque commune, par catégorie de chemins, la répartition des ressources créées en vertu de l'article 2 de la loi du 21 mai 1836. Cet arrêté est notifié aux maires, aux receveurs municipaux et aux agents voyers (*modèle n° 14*).

Le préfet détermine également, sur la proposition de l'agent voyer en chef, la répartition des fonds inscrits au budget du département pour le service vicinal, sans affectation spéciale.

ART. 127.

Les dépenses à faire sur les chemins, au moyen des ressources créées après l'approbation de leur budget, sont rattachées à l'un des articles de ces budgets par la décision qui les approuve.

CHAPITRE V.

BUDGETS SUPPLÉMENTAIRES.

SECTION PREMIÈRE.

CHEMINS DE GRANDE COMMUNICATION ET D'INTÉRÊT COMMUN.

ART. 128.

Aussitôt après la clôture de l'exercice, l'agent voyer en chef prépare pour chaque chemin le budget supplémentaire de l'année courante (*modèle n° 15*). Il y inscrit en ressources le reste en caisse, les sommes restant à recouvrer de l'exercice précédent et les ressources nouvelles créées depuis la rédaction du budget primitif.

Il inscrit en dépense les sommes restant dues à la clôture de l'exercice précédent et celles qui, n'ayant pas été employées, doivent conserver leur affectation spéciale.

Il propose l'emploi des ressources nouvelles et de celles qui, restant libres sur les prévisions du budget du chemin, peuvent recevoir une autre destination.

Ce budget supplémentaire est soumis à l'approbation du préfet.

SECTION II.

CHEMINS VICINAUX ORDINAIRES.

ART. 129.

Chaque année, dans sa session du mois de mai, le conseil municipal prend une délibération par laquelle il détermine l'emploi des sommes restées libres sur les ressources vicinales de l'exercice précédent, comme il a été dit à l'article 65. Il reporte, en même temps, au budget additionnel de la commune les crédits disponibles en leur conservant leur affectation spéciale. Ce report est, s'il y a lieu, opéré d'office par le préfet, sur la proposition de l'agent voyer en chef.

Règlement général, art. 75.

TITRE III.

EXÉCUTION DES TRAVAUX.

CHAPITRE Ier.

MODE D'EXÉCUTION DES TRAVAUX.

DISPOSITIONS GÉNÉRALES.

ART. 130.

Les travaux des chemins vicinaux de grande communication et d'intérêt commun sont arrêtés et effectués sous l'autorité du préfet, ceux des chemins vicinaux ordinaires sont effectués sous l'autorité des maires.

Règlement général, art. 18.

Les agents voyers sont chargés d'assurer, de surveiller et de constater leur bonne exécution.

L'agent voyer en chef a la direction du service vicinal du département; tous les agents du service sont sous ses ordres. Il procède lui-même, quand il le juge utile, aux opérations prescrites, par le règlement, à ses subordonnés. Les agents voyers d'arrondissement ont la même faculté dans leurs arrondissements respectifs. L'agent voyer en chef peut les substituer, pour certaines opérations, aux agents placés sous leurs ordres.

ART. 131.

Règlement général, art. 19.

Aucune dépense en nature ou en argent, quelle qu'en soit l'importance, ne sera admise dans les comptes qu'après avoir été reconnue, vérifiée et certifiée par les agents du service vicinal.

SECTION Ire.

PRESTATIONS EN NATURE.

ART. 132.

Même règlement, art. 20.

Les travaux de prestation seront exécutés aux époques fixées par le règlement préfectoral.

Chaque année un arrêté spécial du préfet fixera l'époque à laquelle les travaux de prestation devront être terminés sur les chemins vicinaux de grande communication et d'intérêt commun.

S'il devenait nécessaire de changer ces époques pour certaines communes, les modifications feraient l'objet d'un arrêté spécial du préfet, rendu sur la demande du maire, l'avis du conseil municipal et du sous-préfet, et le rapport des agents voyers.

Les prestations devront être effectuées dans l'année pour laquelle elles ont été votées.

Les fermiers ou colons qui, par suite de fin de bail, devraient quitter la commune avant l'époque fixée pour l'emploi des prestations pourront être admis à effectuer leurs travaux avant leur départ.

ART. 133.

§ 1er. Prestations à la journée.

Même règlement, art. 21.

La durée minimum du travail des prestataires, des bêtes de somme et de trait sera fixée par le règlement préfectoral.

Lorsque les prestataires seront appelés hors des limites de la commune à laquelle ils appartiennent, le temps employé à l'aller et au retour, pour parcourir les distances excédant la limite fixée par le règlement, sera compté comme passé sur l'atelier.

ART. 134.

Le maire et l'agent voyer cantonal se concerteront chaque année, après la publication ou la notification de l'arrêté qui fixe les contingents et après la remise de l'extrait du rôle (*modèle n° 6*) par le receveur municipal, pour déterminer :

1° La répartition des travailleurs entre chaque chemin ;

2° Les jours d'ouverture et de clôture des travaux de prestation pour chaque chantier.

L'agent voyer cantonal dressera pour chaque chemin de grande communication ou d'intérêt commun, pour les chemins vicinaux ordinaires du réseau subventionné et pour ceux du réseau non subventionné, un état (*modèle n° 16*) indiquant les prestataires qui y seront appelés et les travaux qui leur seront demandés. Cet état sera visé par le maire.

Règlement général, art. 22.

ART. 135.

Cinq jours au moins avant l'époque fixée pour l'ouverture des travaux, le maire fera remettre à chaque contribuable soumis à la prestation un bulletin (*modèle n° 17*) signé de lui, portant réquisition de se rendre, muni des outils indiqués, tel jour et à telle heure sur tel chemin.

Même règlement, art. 23.

ART. 136.

Lorsqu'un prestataire sera empêché par maladie ou tout autre motif grave de se rendre sur le chantier, il devra le faire connaître au moins dans les vingt-quatre heures qui précéderont le jour fixé pour l'exécution des travaux.

En ce cas, le maire et l'agent voyer s'entendront pour la remise de la prestation à une autre époque qui sera fixée d'après la nature de l'empêchement.

Même règlement, art. 24.

ART. 137.

Le maire et l'agent voyer désigneront de concert, pour la surveillance spéciale des travailleurs sur chaque chantier, les cantonniers des chemins ou, à leur défaut, toute autre personne présentant des garanties suffisantes.

Même règlement, art. 25.

ART. 138.

L'état d'indication des travaux à faire et des prestataires convoqués (*modèle n° 16*) sera remis au surveillant, qui fera l'appel de ces prestataires sur

Même règlement, art. 26.

le lieu indiqué dans le bulletin de réquisition, marquera les absents et tiendra note de l'emploi des journées effectuées.

ART. 139.

Règlement général,
art. 27.

Chaque prestataire devra porter sur l'atelier les outils qui lui auront été indiqués, dans le bulletin de réquisition.

Les bêtes de somme et les bêtes de trait seront garnies de leurs harnais, les voitures seront attelées et accompagnées d'un conducteur.

Ce conducteur ne sera astreint à travailler avec les autres ouvriers commis au chargement, qu'autant que le propriétaire de la voiture serait imposé pour des journées d'homme. Dans ce cas seulement, la journée du conducteur sera comptée en acquit de celles à fournir par le propriétaire.

ART. 140.

Même règlement,
art. 28.

Les prestataires pourront se faire remplacer, pour leur personne et celles des membres de leur famille, par des ouvriers à leur gage.

Les remplaçants seront valides, âgés de dix-huit ans au moins et de soixante au plus. Ils devront être agréés par le surveillant des travaux, sauf appel au maire de la commune.

Les prestataires en nom restent responsables du travail de leurs remplaçants.

ART. 141.

Même règlement,
art. 29.

Le prestataire devra fournir la journée de prestation tout entière et sans interruption, sauf les cas exceptionnels autorisés par le maire ou l'agent voyer cantonal.

Si le mauvais temps exigeait la fermeture du chantier, il ne sera tenu compte que des journées ou fractions de journées effectuées, et les contribuables seront tenus de compléter plus tard leurs prestations.

ART. 142.

Même règlement,
art. 30.

La journée de prestation ne sera réputée acquittée que si le surveillant reconnaît qu'elle a été convenablement employée. Dans le cas contraire, il ne sera tenu compte au prestataire que de la fraction de journée répondant au temps pendant lequel il aura travaillé.

Le surveillant indiquera, à la fin de chaque jour, au dos du bulletin de réquisition, le nombre et l'espèce de journées ou de fractions de journées dont le prestataire doit être acquitté. Il certifiera, en même temps, cet acquit dans la colonne d'émargement de l'extrait de rôle qui lui aura été remis.

Les difficultés qui pourraient s'élever seront résolues par le maire et l'agent voyer cantonal, et, en cas de désaccord, par le préfet, sur l'avis de l'agent voyer en chef, sauf recours devant l'autorité compétente.

ART. 143.

Lorsque les prestations seront terminées sur un chemin de grande communication ou d'intérêt commun, ou sur l'ensemble des chemins vicinaux ordinaires de chaque réseau, le surveillant remettra l'état d'indication émargé (*modèle n° 16*), à l'agent voyer cantonal. Celui-ci fera, en présence du maire, la réception des travaux effectués. Il en inscrira le décompte résumé sur la dernière page de l'état, portera le résultat sur son carnet, et adressera l'état à l'agent voyer d'arrondissement après avoir émargé sur l'extrait de rôle (*modèle n° 6*), les cotes ou parties de cotes acquittées en nature.

Règlement général, art. 31.

L'agent voyer d'arrondissement, après inscription des dépenses faites, transmettra cet état au receveur municipal par l'intermédiaire du receveur des finances. Le receveur municipal émargera sur le rôle général de la commune les cotes et parties de cotes acquittées en nature, totalisera lesdites cotes et en inscrira le montant en un seul article sur son registre à souche. Il opérera ensuite le recouvrement des journées ou portions de journées restant dues.

Après l'achèvement complet des travaux de prestations de la commune, l'agent voyer cantonal enverra l'extrait de rôle (*modèle n° 6*) émargé à l'agent voyer d'arrondissement, qui le fera remettre au receveur municipal en échange des différents états d'indication adressés à ce comptable pendant l'exécution des travaux.

§ 2. *Prestations à la tâche.*

ART. 144.

Lorsqu'en exécution de l'article 4 de la loi du 21 mai 1836, le conseil municipal d'une commune aura adopté un tarif pour la conversion des journées de prestation en tâches, le préfet, pour les chemins de grande communication et d'intérêt commun, le maire, pour les chemins vicinaux ordinaires, décideront si ce tarif sera appliqué à tout ou partie des travaux de prestation.

Même règlement, art. 32.

Le maire et l'agent voyer cantonal devront se concerter pour la fixation des délais d'exécution des travaux et pour la répartition des tâches à faire sur chaque chemin par les prestataires.

L'agent voyer cantonal dressera les états d'indication des travaux à effectuer par chaque prestataire (*modèle n° 16*).

ART. 145.

Le maire adressera à chaque contribuable soumis à la prestation en tâches, un bulletin de réquisition (*modèle n° 17 bis*) indiquant les travaux à effectuer ou les matériaux à fournir, ainsi que le délai dans lequel ces tâches devront être exécutées. Le détail et l'emplacement des travaux à faire seront inscrits sur le bulletin et indiqués sur le terrain par les soins de l'agent voyer cantonal.

ART. 146.

La réception des travaux en tâches sera faite par l'agent voyer cantonal assisté du maire, soit au fur et à mesure de l'avancement des travaux, soit à l'expiration du délai fixé pour leur achèvement. Le prestataire sera convoqué pour cette réception. Il ne sera complétement libéré que si les travaux satisfont, pour la quantité et la qualité, aux conditions du tarif de conversion en tâches. Dans le cas contraire, sa cote ne sera acquittée que pour la valeur des travaux effectués. La retenue à faire pour mettre les travaux en état de réception sera déterminée de concert par le maire et l'agent voyer cantonal. En cas de difficulté, il sera statué par le préfet sur l'avis de l'agent voyer en chef et sauf recours devant l'autorité compétente.

L'agent voyer cantonal inscrira le décompte résumé des travaux effectués sur la dernière page du *modèle n° 16*, le soumettra à la signature du maire, portera les résultats sur son carnet, et adressera l'état à l'agent voyer d'arrondissement après avoir émargé les cotes ou parties de cotes acquittées, sur l'extrait de rôle (*modèle n° 6*).

Il sera ensuite procédé conformément aux deux derniers paragraphes de l'article 143.

§ 3. *Dispositions communes aux prestations à la journée et à la tâche.*

ART. 147.

Après l'exécution des prestations, l'agent voyer d'arrondissement adressera à l'agent voyer en chef, pour chaque chemin de grande communication ou d'intérêt commun, un état (*modèle n° 18*), faisant connaître, d'après le relevé des états d'indication, le montant des prestations demandées, celui des prestations exécutées et les sommes à recouvrer en argent. Ces états seront visés par l'agent voyer en chef et transmis au préfet avec ses observations et propositions, pour servir de titre de recette au trésorier-payeur général.

ART. 148.

Lorsque le maire refusera de prêter son concours pour l'exécution des prestations, il en sera référé au préfet, qui statuera.

Règlement général,
art. 36.

SECTION II.

TRAVAUX À PRIX D'ARGENT.

§ 1er. Dispositions générales.

ART. 149.

Les travaux à prix d'argent seront exécutés par voie d'adjudication.

Toutefois, il pourra être traité de gré à gré sur série de prix ou à forfait, avec l'autorisation du préfet :

Même règlement,
art. 37.

1° Pour les ouvrages et fournitures dont la dépense n'excéderait pas 3,000 francs ;

2° Pour ceux dont l'exécution ne comporterait pas les délais d'une adjudication ;

3° Pour ceux qui, par leur nature ou leur spécialité, exigeraient des conditions particulières d'aptitude de la part de l'entrepreneur ;

4° Enfin pour ceux dont la mise en adjudication n'aurait pas abouti, comme il sera expliqué ci-après.

Les travaux pourront aussi, avec l'autorisation du préfet, être effectués par voie de régie, soit en cas d'urgence, soit lorsque les autres modes d'exécution auront été reconnus impossibles ou moins avantageux. Cette autorisation ne sera pas nécessaire toutes les fois que la dépense en argent ne dépassera pas 300 francs.

ART. 150.

Les projets se composeront des pièces indiquées par l'agent voyer en chef, suivant l'importance et la nature des travaux à effectuer ; ces pièces seront rédigées conformément au programme annexé à la présente instruction.

Même règlement.
art. 38.

Tous les projets seront approuvés par le préfet, sur l'avis de l'agent voyer en chef.

ART. 151.

Les devis ou cahiers des charges des adjudications et des marchés de gré à gré contiendront toujours la condition que les soumission-

Même règlement,
art. 39.

naires seront assujettis aux clauses et conditions générales imposées aux entrepreneurs des travaux des chemins vicinaux, et annexées à la présente instruction (*Annexe n° 2*).

§ 2. *Formes à suivre pour les adjudications.*

ART. 152.

Règlement général,
art. 40.

Les adjudications des travaux des chemins de grande communication et d'intérêt commun seront passées à la préfecture par le préfet ou son délégué, président, et deux membres du conseil général ou d'arrondissement, assistés de l'agent voyer en chef.

Lorsque les travaux devront s'exécuter sur le territoire d'un seul arrondissement, l'adjudication pourra être passée à la sous-préfecture par le sous-préfet, président, deux membres du conseil général ou d'arrondissement, et en présence de l'agent voyer en chef ou de l'agent voyer d'arrondissement.

Les membres du conseil général ou d'arrondissement appelés à assister aux adjudications seront, suivant les cas, désignés par le préfet ou le sous-préfet.

Pour les chemins vicinaux ordinaires, les adjudications seront passées soit dans la commune de la situation des travaux, soit au chef-lieu de canton, soit à la sous-préfecture. Le bureau se composera soit du sous-préfet, président, d'un maire et d'un conseiller municipal, soit du maire, président, et de deux conseillers municipaux. Le receveur municipal et l'agent voyer assisteront à ces adjudications.

L'absence des personnes ci-dessus désignées, autres que le président, et dûment convoquées, n'empêchera pas l'adjudication.

ART. 153.

Même règlement,
art. 41.

Les travaux des chemins de grande communication et d'intérêt commun seront généralement adjugés par ligne, sauf la division en plusieurs lots pour une même ligne, si l'importance des travaux l'exige.

Pour les chemins vicinaux ordinaires seulement, on pourra réunir dans un même lot tous les travaux à faire dans une commune, à la condition de les diviser, s'il y a lieu, en trois sections : entretien, grosses réparations, travaux neufs.

ART. 154.

Même règlement,
art. 42.

Les adjudications seront annoncées au moins vingt jours à l'avance par des affiches placardées, tant au chef-lieu du département que dans les

principales communes des arrondissements et dans celles où seront situés
les travaux. Elles seront portées à la connaissance des entrepreneurs par
tous les moyens de publicité.

Les affiches indiqueront sommairement :

Le lieu, le jour, l'heure et le mode fixés pour l'adjudication et le
dépôt des soumissions;

Les autorités chargées d'y procéder;

La nature des travaux, le montant de la dépense prévue, et du cautionnement à fournir, et le lieu où l'on pourra prendre connaissance des
pièces du projet;

Enfin, le modèle des soumissions.

Dans le cas d'urgence, le délai de vingt jours ci-dessus indiqué pourra
être réduit, sans jamais être inférieur à dix jours.

ART. 155.

Les adjudications se feront au rabais et sur soumissions cachetées; le
rabais s'appliquera non au montant total du devis, mais aux prix de la
série servant de base aux évaluations. Dans le cas où il serait nécessaire
de fixer préalablement un minimum de rabais, ce minimum sera déterminé par le président, sur l'avis de l'agent voyer assistant à l'adjudication, et déposé, sous enveloppe cachetée, sur le bureau, à l'ouverture de la séance.

Règlement général, art. 43.

ART. 156.

Les soumissions seront toujours placées seules dans une enveloppe
cachetée portant la désignation des travaux et le nom de l'entrepreneur.
Cette première enveloppe formera, avec les certificats de capacité, s'ils
sont exigés, et les pièces constatant le versement du cautionnement
ou un engagement valable de le fournir, un paquet également cacheté
portant aussi la désignation des travaux.

Tous les paquets déposés par les concurrents seront rangés sur le
bureau par le fonctionnaire qui présidera l'adjudication et recevront un
numéro d'ordre.

Même règlement, art. 44.

ART. 157.

A l'instant fixé par l'affiche, le premier cachet de chaque paquet sera
rompu publiquement, et il sera dressé un état des pièces qui s'y trouveront renfermées. Le public et les concurrents se retireront de la salle
d'adjudication, et le bureau, après avoir pris l'avis de l'agent voyer et
du comptable présents, arrêtera la liste des concurrents agréés. En cas

Même règlement, art. 45.

de partage dans le vote du bureau, la voix du président sera prépondérante. Il en sera de même pour toutes les questions qui pourraient être soulevées pendant l'adjudication.

ART. 158.

Règlement général,
art. 46.

Immédiatement après, la séance redeviendra publique, et le président fera connaître les concurrents agréés. Les soumissions présentées par ces derniers seront ouvertes publiquement. Toute soumission non conforme au modèle indiqué par les affiches sera déclarée nulle.

Les concurrents qui ne sauraient pas écrire pourront faire signer leur soumission par un fondé de procuration verbale, sous la condition de le déclarer, avant l'ouverture de leur soumission, au fonctionnaire, qui présidera l'adjudication.

ART. 159.

Même règlement,
art. 47.

Le concurrent qui aura fait l'offre d'exécuter les travaux aux conditions les plus avantageuses sera déclaré adjudicataire si son rabais remplit les conditions de minimum fixé conformément à l'article 155, et si, à défaut de la fixation de ce minimum, sa soumission ne comporte pas d'augmentation sur les prix prévus.

Dans le cas où le rabais le plus avantageux serait offert par plusieurs concurrents, il sera procédé, séance tenante, entre ceux-ci, à une nouvelle adjudication sur soumissions cachetées. Les rabais de la nouvelle adjudication ne pourront être inférieurs à ceux de la première.

Si les concurrents maintiennent les rabais primitifs, le bureau désignera, après avoir pris l'avis de l'agent voyer, celui des concurrents qui devra être déclaré adjudicataire.

ART. 160.

Même règlement,
art. 48.

Il sera dressé, pour chaque adjudication, un procès-verbal qui relatera toutes les circonstances de l'opération.

ART. 161.

Même règlement,
art. 49.

Les adjudications ne seront définitives qu'après l'approbation du préfet.

Dans les vingt jours de la date de cette approbation, la minute du procès-verbal sera soumise à l'enregistrement. Il ne pourra en être délivré ni expédition, ni extrait, qu'après l'accomplissement de cette formalité.

ART. 162.

Le cautionnement à fournir par les adjudicataires sera versé à la caisse du trésorier payeur général ou à celle des receveurs particuliers pour les chemins de grande communication et d'intérêt commun, et à la caisse du receveur municipal pour les chemins vicinaux ordinaires.

Règlement général,
art. 50.

ART. 163.

Les adjudicataires payeront les frais de timbre et d'enregistrement des procès-verbaux d'adjudication, ceux d'expédition sur papier timbré des devis et cahier des charges dont il leur sera fait remise, ainsi que ceux d'affiches et autres publications, s'il y a lieu. Il ne pourra être rien exigé d'eux au delà de ces frais.

Même règlement,
art. 51.

ART. 164.

Après une tentative infructueuse d'adjudication, les travaux pourront, avec l'autorisation du préfet, donner lieu à un marché de gré à gré lorsqu'on trouvera un soumissionnaire s'engageant à les exécuter sans augmentation de prix, aux conditions du devis et du cahier des charges.

Mais si, à défaut de cette soumission, on reconnaît la nécessité d'augmenter certains prix et de modifier les conditions du cahier des charges, il sera procédé à une nouvelle tentative d'adjudication, après avoir opéré sur les pièces du projet les changements adoptés.

Dans le cas où cette seconde tentative serait infructueuse, on pourra recourir à un marché de gré à gré pour l'ensemble du projet ou bien à plusieurs marchés distincts en scindant les travaux, soit en lots moins importants, soit selon leur nature.

Le préfet pourra aussi autoriser l'exécution par voie de régie après la seconde tentative infructueuse d'adjudication.

Même règlement,
art. 52.

§ 3. *Marchés de gré à gré.*

ART. 165.

Lorsqu'il y aura lieu de faire exécuter les travaux par voie de marché de gré à gré, l'agent voyer en chef pour les chemins de grande communication et d'intérêt commun, l'agent voyer d'arrondissement pour les chemins vicinaux ordinaires, inviteront les entrepreneurs à prendre connaissance des conditions de l'entreprise, à formuler et à leur remettre

Même règlement,
art. 53.

dans un délai déterminé leurs propositions par soumissions écrites.

Les soumissions ainsi déposées devront contenir l'engagement de se soumettre aux conditions du devis particulier des ouvrages et aux clauses et conditions générales (*annexe n° 2*).

Elles tiendront lieu de devis, lorsqu'elles énonceront en outre les quantités, les prix et les conditions d'exécution des ouvrages.

Les agents voyers transmettront les soumissions avec leur avis, au préfet pour les chemins de grande communication et d'intérêt commun, et aux maires pour les chemins vicinaux ordinaires.

ART. 166.

Règlement général, art. 54.

La soumission la plus avantageuse sera acceptée par le préfet pour les chemins de grande communication et d'intérêt commun, par le maire, dûment autorisé, pour les chemins vicinaux ordinaires. Cette dernière acceptation sera soumise à l'approbation du préfet.

ART. 167.

Même règlement, art. 55.

La soumission à forfait des ouvrages à exécuter devra toujours contenir la mention en toutes lettres de la somme fixe à payer à l'entrepreneur, laquelle somme ne pourra jamais excéder l'estimation du projet.

ART. 168.

Même règlement, art. 56.

Les dispositions des articles 162 et 163 sont applicables aux soumissionnaires des marchés de gré à gré. Néanmoins, le Préfet pourra, sur l'avis de l'agent voyer en chef pour les chemins de grande communication et d'intérêt commun, et sur l'avis du maire pour les chemins vicinaux ordinaires, dispenser les soumissionnaires de fournir un cautionnement.

§ 4. Travaux en régie.

ART. 169.

Même règlement, art. 57.

Les travaux en régie seront exécutés, autant que possible, à la tâche. A moins de difficultés, les ouvriers et les tâcherons seront payés par mandats individuels.

ART. 170.

Même règlement, art. 58.

Lorsque les ouvriers ne pourront pas être payés par mandats individuels, l'arrêté autorisant la régie nommera le régisseur au nom duquel seront faites les avances de fonds, et fixera la somme qu'elles ne devront pas dépasser.

Cet arrêté sera pris par le préfet sur la proposition de l'agent voyer en chef pour les chemins de grande communication et d'intérêt commun, et par le maire, sur la proposition de l'agent voyer d'arrondissement, pour les chemins vicinaux ordinaires.

SECTION III.

RÉCEPTION DES TRAVAUX.

ART. 171.

Les réceptions provisoires ou définitives des travaux et fournitures effectués sur les chemins de grande communication ou d'intérêt commun seront faites par l'agent voyer d'arrondissement, assisté de l'agent voyer cantonal, en présence de l'entrepreneur dûment convoqué.

Règlement général art. 59.

ART. 172.

Les mêmes réceptions pour les chemins vicinaux ordinaires seront faites par l'agent voyer cantonal, en présence du maire, de deux conseillers municipaux de la commune et de l'entrepreneur dûment convoqués.

Même règlement, art. 60.

ART. 173.

Les réceptions feront l'objet de procès-verbaux dont la forme est indiquée au titre IV de la présente instruction.

L'absence de l'entrepreneur ou des autres personnes indiquées aux deux articles qui précèdent ne fera pas obstacle à la réception.

Même règlement, art. 61.

CHAPITRE II.

CANTONNIERS.

ART. 174.

Les cantonniers des chemins de grande communication et d'intérêt commun seront nommés par le préfet, sur la proposition de l'agent voyer en chef.

Lois des 21 mai 1836, art. 9, et 18 juillet 1837, art. 12 et 19.

Il sera établi des cantonniers communaux sur les chemins vicinaux ordinaires toutes les fois que les ressources inscrites au budget le permettront. Ces cantonniers seront nommés par les maires, sur la proposition de l'agent voyer cantonal.

ART. 175.

Lois des 21 mai 1836,
art. 9,
et 18 juillet 1837,
art. 12.

Les cantonniers des chemins de grande communication et d'intérêt commun seront révoqués par le préfet, sur la proposition de l'agent voyer en chef.

Les cantonniers des chemins vicinaux ordinaires seront révoqués par le maire, sur la proposition de l'agent voyer cantonal.

L'agent voyer en chef pourra suspendre les cantonniers dont le service sera reconnu insuffisant, ou qui auront manqué à la discipline ou à la probité.

Il en avisera immédiatement le préfet.

ART. 176.

Dans chaque département, le préfet arrêtera, sur la proposition de l'agent voyer en chef, un règlement pour le service des cantonniers et des cantonniers chefs.

TITRE IV.

COMPTABILITÉ DES CHEMINS VICINAUX.

CHAPITRE Ier.

COMPTABILITÉ DE L'AGENT VOYER CANTONAL.

ART. 177.

Règlement général,
art. 76.

L'agent voyer cantonal tient un carnet d'attachements (*modèle n° 19*) sur lequel il inscrit tous les faits de dépense à mesure qu'ils se produisent, par ordre de date, sans lacune, sans classification, pour tous les ateliers confiés à sa surveillance, qu'ils soient situés sur les chemins de grande communication, d'intérêt commun ou de petite vicinalité, en ayant soin d'indiquer le chemin auquel ces faits se rapportent, avec distinction entre les réseaux subventionné et non subventionné.

Ce carnet présente, sur la page de gauche, le libellé des opérations et leurs résultats, soit en quantités, soit en deniers, soit à la fois en quantités et en deniers. Il ne comprend que les faits de dépense; les observations relatives aux autres parties du service ne doivent pas y figurer.

En regard de chaque article, il reçoit, sur la page de droite, les croquis et tous les renseignements propres à justifier les quantités et les sommes portées sur la page de gauche, ainsi que la mention des pièces dont les détails ne peuvent pas être inscrits sur le carnet.

Dans le cas de prise de possession de terrains avant le règlement de l'indemnité, la date en est portée pour ordre au carnet. Un nouvel article, indiquant le montant de la dépense, est ouvert lors de la fixation de l'indemnité. Mention est également faite des terrains cédés gratuitement.

Les travaux ou approvisionnements exécutés par entreprise sont inscrits au carnet, au fur et à mesure qu'il est possible d'en vérifier partiellement les métrés, les quantités ou les poids. On se conformera, pour ces inscriptions, aux désignations ainsi qu'aux conditions de règlement des comptes et des devis ou projets approuvés.

Lorsque les travaux ou approvisionnements exécutés par entreprise doivent donner lieu à des payements d'à-compte, avant de se trouver en état d'être métrés *exactement,* ils sont inscrits au carnet, sous le nom de *travaux non terminés,* avec les métrés approximatifs. Ces métrés sont refaits complétement, à chaque nouvelle constatation, sans qu'on puisse procéder par différence. L'ancien article est rayé, et une annotation renvoie à la nouvelle situation.

La distinction en *travaux terminés* et *non terminés* pourra être supprimée par l'agent voyer en chef, suivant l'importance ou la nature des ouvrages.

Lorsque des travaux ou approvisionnements par entreprise auront été l'objet d'une réception accompagnée d'un décompte accepté par l'entrepreneur, et qu'ils n'auront donné lieu, en raison de leur faible importance, à aucune inscription antérieure sur le carnet, il suffit de mentionner la date de la réception et du décompte, et de porter en bloc le résultat final de ce décompte.

Pour les prestations à la journée ou à la tâche, la dépense est portée en bloc sur le carnet, à mesure que les états d'indication (*modèle n° 16*) sont arrêtés et certifiés par les agents voyers.

Les souscriptions et les subventions industrielles acquittées en nature sont aussi inscrites au fur et à mesure de leur exécution.

Lorsque l'entrepreneur est tenu par le cahier des charges de prendre en compte des travaux ou fournitures effectués par des prestataires, la remise de ces travaux ou fournitures donne lieu à une nouvelle inscription qui indique leur montant, aux prix du bordereau; dans le cas où les prestations remises auraient été effectuées dans le courant de l'année, on fait ressortir sur la page de droite la plus ou moins-value sur les prix de l'entreprise.

Pour les travaux en régie à la journée, la dépense est portée en bloc sur le carnet, à mesure que les rôles sont arrêtés et certifiés par les agents voyers. Pour les travaux en régie à la tâche, on procède de la même manière, en séparant, s'il y a lieu, les comptes des tâcherons portés sur un même état. Pour les mémoires et les factures, la dépense est portée en bloc sur la page de gauche, à mesure que ces pièces sont arrêtées et certifiées.

Les surveillants sont pourvus, au besoin, de carnets auxiliaires, dont les résultats sont reportés, par masses, sur le carnet tenu par l'agent voyer cantonal sous les ordres duquel ils sont placés.

ART. 178.

Réglement général,
art. 77.

Les carnets sont délivrés, par l'agent voyer en chef, à l'agent voyer d'arrondissement, qui en numérote les feuillets et les parafe par premier et dernier avant de les remettre à l'agent voyer cantonal.

Les carnets successivement délivrés, dans une même année, à chaque agent voyer cantonal sont numérotés suivant l'ordre de la remise.

Chaque agent est responsable de toutes les indications qu'il consigne sur son carnet et des omissions commises dans ses écritures.

L'agent voyer cantonal ne doit se dessaisir de son carnet que sur l'ordre de ses chefs; quand il reçoit une autre destination, il arrête ce carnet et l'adresse à l'agent voyer d'arrondissement.

A la fin de l'année, tous les carnets, remplis ou non, sont transmis à l'agent voyer d'arrondissement, qui les vise *ne varietur*.

Les carnets restent déposés au bureau de l'agent voyer cantonal, jusqu'à la clôture de l'exercice; ils sont ensuite déposés dans les archives de l'agent voyer d'arrondissement.

ART. 179.

Même règlement,
art. 78.

Tout est écrit à l'encre sur les carnets.

Les attachements sont précédés de la date à laquelle ils se rapportent; ils reçoivent des numéros dont la série se continue, sans interruption, du 1er janvier au 31 décembre.

Ceux qui, par leur nature, doivent être contradictoires sont acceptés sur le carnet par la signature de la partie intéressée. En cas de refus de celle-ci, l'agent voyer cantonal prévient aussitôt l'agent voyer d'arrondissement. La signature de l'entrepreneur n'est réclamée que pour les attachements définitifs; elle n'est jamais demandée pour les travaux ou approvisionnements non terminés. Les acceptations données sur les carnets auxiliaires des surveillants ne doivent pas être reproduites sur le carnet de l'agent voyer cantonal.

L'inscription sur le carnet ne constitue pas titre contre l'Administration.

Le carnet est fréquemment visé par l'agent voyer d'arrondissement. Le visa doit porter la mention *vu et vérifié*, avec la date et la signature.

ART. 180.

Aucune inscription faite sur le carnet ne doit être ni grattée ni surchargée. Toutes les rectifications reconnues nécessaires sont faites et. datées avec une encre de couleur différente, et écrites au-dessus des lignes auxquelles elles se rapportent. On se borne à passer sur les inscriptions rectifiées un simple trait qui les laisse parfaitement lisibles.

Dans le cas où les rectifications s'appliquent à un attachement contradictoire, qui a déjà reçu la signature de la partie intéressée, cette signature doit être apposée une seconde fois, avec la mention de l'approbation de la correction.

Règlement général, art. 79.

ART. 181.

Les journées d'ouvriers sont constatées par des feuilles d'attachements (*modèle n° 20*) tenues par le surveillant de chaque atelier.

La case réservée à chaque ouvrier contient, pour chaque journée, autant de divisions qu'il y a de reprises de travail. On pointe comme absent l'ouvrier qui ne se présente pas au commencement d'une reprise ou quitte le travail avant la fin. Les cases *restées en blanc au bas de la feuille sont également pointées* à chaque reprise, comme si elles concernaient des absents. Si un ouvrier travaille isolément à la journée, sa présence et son travail sont constatés de la même manière que pour les cantonniers.

Les feuilles d'attachements sont remises à la fin du mois, ou plus fréquemment s'il est nécessaire, à l'agent voyer cantonal, qui les arrête et en inscrit immédiatement les résultats sur son carnet.

Même règlement, art. 80.

ART. 182.

Les travaux en régie exécutés à la tâche sont détaillés sur des états (*modèle n°ˢ 21 et 41*) qui, lorsqu'ils doivent être produits à l'appui du payement, sont soumis à l'approbation du préfet ou du maire, suivant le cas, et acquittés par les parties prenantes au moment du payement.

Même règlement art. 81.

ART. 183.

Règlement général,
art. 82.

Les mémoires sont détaillés sur des états conformes au *modèle n° 22*. On emploie le *modèle n° 22 bis* pour les quittances des sommes n'excédant pas 10 francs.

ART. 184.

Même règlement,
art. 83.

Les situations des fournitures de matériaux ou des ouvrages terminés et non terminés, exécutés par un entrepreneur, sont dressées conformément aux inscriptions faites au carnet (*modèle n° 23*).

ART. 185.

Même règlement.
art. 84.

Lorsque des approvisionnements ou des travaux provenant des prestations en nature ou de toute autre origine, sont remis en compte aux entrepreneurs, la remise en est constatée par un procès-verbal (*modèle n° 24*) sur lequel le détail de ces approvisionnements et travaux est indiqué aux prix du bordereau, en tenant compte du rabais de l'adjudication.

ART. 186.

Même règlement,
art. 85.

Le décompte des cantonniers est établi sur un état (*modèle n° 25*) pour les chemins de grande communication et d'intérêt commun et (*modèle n° 25 bis*) pour les chemins vicinaux ordinaires.

ART. 187.

Même règlement,
art. 86.

Toutes les dépenses constatées par l'agent voyer cantonal sont reportées sommairement dans un registre désigné sous le nom de *Livre de comptabilité de l'agent voyer cantonal* (*modèle n° 26*).

Ce registre, composé de trois parties, est subdivisé, pour chacune d'elles, en *réseau subventionné* et *non subventionné*.

La première est relative aux chemins de grande communication, la deuxième concerne les chemins d'intérêt commun, et la troisième, les chemins vicinaux ordinaires.

ART. 188.

Même règlement,
art. 87.

La première et la deuxième partie du livre de comptabilité de l'agent voyer cantonal sont composées d'une manière identique et comprennent :

1º Le répertoire des chemins, formant table des matières (*modèle n° 26 A*);

2º Pour chaque chemin, un compte dans lequel est inscrit, en trois divisions séparées, pour l'entretien, les grosses réparations et les travaux neufs, le montant total des dépenses faites, avec désignation des pièces sur lesquelles elles sont relevées, et en distinguant, dans chacune de ces divisions, les entreprises et les régies. Les indemnités de terrains, les dommages, les dépenses diverses et le salaire des cantonniers font l'objet de divisions spéciales (*modèle n° 26 B*).

ART. 189.

La troisième partie du livre de comptabilité de l'agent voyer cantonal comprend :

Règlement général, art. 88.

1º Le répertoire des communes formant table des matières (*modèle n° 26 C*);

2º Pour chaque commune, un compte (*modèle n° 26 D*) dans lequel est inscrit, en trois divisions séparées, pour l'entretien, les grosses réparations et les travaux neufs, le montant total des dépenses faites, avec désignation des pièces sur lesquelles elles sont justifiées, et en distinguant, dans chacune de ces divisions, les entreprises et les régies. Les indemnités de terrains, les dommages, les dépenses diverses et le salaire des cantonniers font l'objet de divisions spéciales;

3º Pour chaque commune, un compte récapitulatif des certificats de payement et des mandats délivrés (*modèle n° 26 E*).

ART. 190.

Un décompte, pour ordre, de l'emploi des prestations applicables aux différentes catégories de chemins est établi, par l'agent voyer cantonal, sur une formule spéciale placée à la fin de son livre de comptabilité (*modèle n° 26 F*).

Même règlement, art. 89.

ART. 191.

A la fin de chaque mois, l'agent voyer cantonal transmet, s'il y a lieu, à l'agent voyer d'arrondissement les pièces suivantes :

Même règlement, art. 90.

Chemins vicinaux de grande communication et d'intérêt commun.

Les feuilles d'attachements des journées d'ouvriers (*modèle n° 20*); les états des travaux à la tâche (*modèle n° 21*); les mémoires ou quittances (*modèles n*^{os} *22 et 22 bis*); les situations des travaux exécutés par entreprise (*modèle n° 23*), accompagnées au besoin d'un métré (*modèle n° 27*); les procès-verbaux de constatation des travaux exécutés par prestation (*modèle n° 16*); les procès-verbaux de remise de travaux et approvisionnements aux entrepreneurs (*modèle n° 24*); le décompte des cantonniers (*modèle n° 25*), et toutes les pièces relatives aux indemnités de terrains, dommages et dépenses diverses.

Chemins vicinaux ordinaires.

Pour chaque commune : les rôles des journées d'ouvriers employés en régie (*modèle n° 28*), accompagnés des feuilles d'attachements (*modèle n° 20*); les états des travaux à la tâche (*modèle n° 21*); les mémoires ou quittances (*modèles n*^{os} *22 et 22 bis*); les situations des travaux exécutés par entreprise (*modèle n° 23*), appuyées au besoin d'un métré et accompagnées d'un certificat de payement (*modèle n° 29*); les décomptes des cantonniers (*modèle n° 25 bis*), et toutes les pièces relatives aux indemnités de terrains et dépenses diverses.

Chaque envoi de pièces de comptabilité, fait par l'agent voyer cantonal, est accompagné d'un bordereau (*modèle n° 30*), sur lequel il est fait mention des terrains dont la prise de possession a été effectuée.

ART. 192.

Règlement général,
art. 91.

A la fin de chaque trimestre, ou plus souvent si l'agent voyer en chef le juge nécessaire, l'agent voyer cantonal adresse à l'agent voyer d'arrondissement un état sommaire indiquant, par commune, pour les chemins vicinaux ordinaires, la situation des dépenses faites et les certificats de payement délivrés (*modèle n° 31*).

ART. 193.

Même règlement,
art. 92.

A la fin de l'année, l'agent voyer cantonal dresse, pour les chemins vicinaux ordinaires, les décomptes (*modèle n° 32*) de toutes les entreprises de son service qui n'ont pas fait l'objet d'une réception provisoire ou définitive. Il les notifie aux entrepreneurs, dans les formes indiquées aux clauses et conditions générales, et les adresse à l'agent voyer d'arrondissement.

ART. 194.

Même règlement,
art. 93.

A la clôture de l'exercice, il dresse également, pour les chemins vicinaux ordinaires, des états faisant connaître pour toutes les communes de sa circonscription :

1° Les ressources constatées (*modèle n° 33*);

2° Les dépenses effectuées (*modèle n° 34*);

3° L'état d'avancement des chemins (*modèle n° 35 et 35 bis*);

4° Divers renseignements statistiques et la situation financière du réseau subventionné (*modèle n° 36*);

Ces états sont établis avec distinction entre les réseaux subventionné et non subventionné. Ils sont adressés, le 10 mai au plus tard, à l'agent voyer d'arrondissement qui, après en avoir certifié l'exactitude, les transmet, le 25 mai, à l'agent voyer en chef. Ce dernier, après les avoir vérifiés, les fait parvenir au préfet, pour être soumis au conseil général.

CHAPITRE II.

COMPTABILITÉ DU RÉGISSEUR COMPTABLE.

ART. 195.

Dans le cas de régie pour le compte d'un entrepreneur, le régisseur comptable tient un journal spécial de la même forme que le carnet (*modèle n° 19*), pour les faits de dépenses relatifs à cette régie.

L'agent voyer cantonal, qu'il soit ou non régisseur comptable, doit en outre inscrire sur son carnet les travaux effectués comme s'ils étaient exécutés par l'entrepreneur.

Règlement général, art. 94.

ART. 196.

Les avances de fonds à faire à un régisseur comptable ont lieu sur sa demande formulée sur un imprimé (*modèle n° 37*).

Pour les chemins de grande communication et d'intérêt commun, cette demande, visée par l'agent voyer d'arrondissement, certifiée par l'agent voyer en chef, est transmise par ce dernier au préfet pour la délivrance du mandat.

S'il s'agit d'un chemin vicinal ordinaire, la demande, dans le cas où l'agent voyer cantonal n'est pas régisseur, est certifiée par ce dernier et visée par l'agent voyer d'arrondissement. Dans le cas contraire, elle est certifiée par l'agent voyer d'arrondissement. Cette demande est ensuite transmise au maire pour le mandatement.

Même règlement, art. 95.

ART. 197.

Les recettes et les payements effectués par le régisseur comptable sont enregistrés sur un livret de caisse (*modèle n° 38*).

Ce livret contient sur la page de gauche : 1° l'indication des numéros

Même règlement, art. 96.

et des dates des mandats délivrés au nom du régisseur comptable ; 2° l'inscription, de la main de l'agent du payement, de la date, de la destination des avances et du montant, en toutes lettres, des sommes payées ; 3° l'indication en chiffres des sommes payées.

La page de droite indique, par ordre chronologique : 1° les dates des payements successivement effectués par le régisseur ; 2° la nature des dépenses ; 3° le montant des sommes payées ; 4° celui des pièces justificatives produites.

L'agent voyer d'arrondissement constate, sur le livret de caisse, les résultats des vérifications qu'il doit faire des écritures, des pièces de dépense et de la caisse du régisseur.

ART. 198.

Règlement général,
art. 97.

Le régisseur comptable justifie de l'emploi des avances qui lui sont faites par la production des mémoires des fournisseurs et des rôles des ouvriers employés à la journée ou à la tâche. Ces pièces doivent être revêtues de l'acquit des parties prenantes.

La justification doit être faite dans le mois qui suit l'encaissement du mandat et comprendre, autant que possible, une dépense égale au montant de ce mandat. Les pièces justificatives font l'objet d'un bordereau (*modèle n° 39*) dressé en double expédition par le régisseur comptable.

Pour les chemins de grande communication et d'intérêt commun, ce bordereau est vérifié par l'agent voyer d'arrondissement, et visé par l'agent voyer en chef et le préfet. Pour les chemins vicinaux ordinaires, il est vérifié par l'agent voyer cantonal et par l'agent voyer d'arrondissement et visé par le maire.

Les deux expéditions de ce bordereau sont transmises à l'agent du payement, qui est tenu de renvoyer immédiatement au régisseur comptable, par l'intermédiaire des agents voyers, une des expéditions signée pour récépissé.

ART. 199.

Même règlement,
art. 98.

Les certificats de payement délivrés au nom d'un régisseur comptable sont inscrits sur les livres de comptabilité comme les autres dépenses ; s'il s'agit d'une régie au compte d'un entrepreneur, les dépenses justifiées sont portées comme à-compte délivré à ce dernier.

CHAPITRE III.

COMPTABILITÉ DE L'AGENT VOYER D'ARRONDISSEMENT.

—

ART. 200.

L'agent voyer d'arrondissement centralise, vérifie et coordonne les résultats constatés et produits par les agents placés sous ses ordres.

Règlement général, art. 99.

ART. 201.

Il dresse, au commencement de chaque mois, pour les chemins de grande communication et d'intérêt commun, d'après les pièces de dépenses qui lui ont été transmises par les agents voyers cantonaux : 1° le décompte mensuel (*modèle n° 40*) des sommes dues à tous les cantonniers; 2° l'état récapitulatif (*modèle n° 41*) des feuilles d'attachements des journées d'ouvriers, des états des travaux à la tâche, des mémoires et des quittances; 3° des propositions de payement en faveur des entrepreneurs et les décomptes à l'appui (*modèle n° 42*).

Il envoie à l'agent voyer en chef ces pièces, en y joignant, après les avoir revêtues de son visa, celles mentionnées à l'état récapitulatif (*modèle n° 41*); le tout accompagné d'un bordereau (*modèle n° 30*).

En ce qui concerne les chemins vicinaux ordinaires, il vérifie les pièces qui lui sont adressées par l'agent voyer cantonal; il les vise et les renvoie à ce dernier, qui les transmet au maire pour le mandatement.

Même règlement, art. 100.

ART. 202.

Les réceptions de matériaux d'entretien sont constatées sur une formule (*modèle n° 46*) et font connaître les quantités de matériaux reçus.

Les procès-verbaux de réception provisoire et de réception définitive, pour les travaux neufs et de grosses réparations, sont dressés sur les modèles n°ˢ 43 et 44. Ils sont accompagnés du décompte des travaux exécutés (*modèle n° 45*).

Tous les procès-verbaux de réception relatifs aux chemins de grande communication et d'intérêt commun sont immédiatement transmis à l'agent voyer en chef. Les procès-verbaux qui concernent les chemins vicinaux ordinaires sont conservés par l'agent voyer cantonal, à l'exception de ceux qui doivent être joints à l'appui des payements.

Les réceptions sont mentionnées avec leur date au carnet.

Même règlement, art. 101.

ART. 203.

Règlement général, art. 102.

Tous les faits de comptabilité concernant le service de l'agent voyer d'arrondissement sont classés dans un registre (*modèle n° 47*) désigné sous le nom de : *Livre de comptabilité de l'agent voyer d'arrondissement.*

Ce livre se compose de trois parties, subdivisées chacune en *réseau subventionné* et *réseau non subventionné*. La première partie est relative aux chemins de grande communication, la deuxième aux chemins d'intérêt commun, et la troisième aux chemins vicinaux ordinaires.

La première et la deuxième partie sont identiques : en tête de chacune d'elles est placé un *répertoire* formant table des matières (*modèle n° 47 A*). Elles comprennent ensuite une série de comptes ouverts indiquant les dépenses faites et les propositions de payement délivrées. Ces comptes sont groupés de la manière suivante : 1° *entreprises;* un compte spécial est ouvert à chacune d'elles (*modèle n° 47 B*); 2° *travaux en régie* (*modèle n° 47 C*); l'entretien, les grosses réparations et les travaux neufs donnent lieu à l'ouverture de comptes distincts, pour chaque chemin ou partie de chemin, s'il y a lieu; 3° *cantonniers* (*modèle n° 47 D*); 4° *indemnités de terrains* (*modèle n° 47 E*); 5° *dommages* (*modèle n° 47 F*); 6° *dépenses diverses* (*modèle n° 47 G*). Ces quatre derniers comptes comprennent toutes les dépenses faites et les certificats délivrés par chaque arrondissement, mais à chacun d'eux un article est ouvert par chemin : 7° *comptes rendus,* par chemin, de l'emploi des prestations (*modèle n° 47 H*).

La troisième partie comprend : 1° un *répertoire* des communes formant table des matières (*modèle n° 47 I*); 2° un *résumé*, par commune, des dépenses faites et des visas des certificats de payement (*modèle n° 47 J*); 3° un compte des *indemnités de terrains* (*modèle n° 47 K*), dans lequel un article est ouvert par commune.

ART. 204.

Même règlement, art. 103.

A la fin de chaque trimestre et plus souvent, si l'agent voyer en chef le juge nécessaire, l'agent voyer d'arrondissement dresse des *états sommaires* des dépenses de son service, pour les chemins de grande communication et d'intérêt commun (*modèle n° 48 ,*) et pour les chemins vicinaux ordinaires (*modèle n° 48 bis*).

Ces états sont adressés à l'agent voyer en chef.

ART. 205.

Même règlement art. 104.

A la fin de l'année, l'agent voyer d'arrondissement dresse, pour les chemins de grande communication et d'intérêt commun, les décomptes (*modèle n° 32*) de toutes les entreprises de son service qui n'ont pas fait l'objet d'une réception provisoire ou définitive. Il les notifie aux entrepreneurs, dans les formes indiquées au cahier des charges, et les adresse à l'agent voyer en chef.

ART. 206.

L'agent voyer d'arrondissement dresse à la clôture de l'exercice, pour les chemins ou parties de chemins de grande communication et d'intérêt commun dont il est chargé, des états conformes aux modèles 33, 34, 35 et 36.

Ces états établis par ligne avec distinction entre les réseaux subventionné et non subventionné sont adressés le 25 mai au plus tard à l'agent voyer en chef.

Règlement général, art. 105.

CHAPITRE IV.

COMPTABILITÉ DE L'AGENT VOYER EN CHEF.

ART. 207.

L'agent voyer en chef centralise tous les faits de dépense, tant ceux qui résultent des pièces fournies par les agents voyers d'arrondissement que ceux dont il rend personnellement compte. Il les inscrit sur un *livre de comptabilité* qui se compose de trois parties. La première partie est relative aux chemins de grande communication, la deuxième aux chemins d'intérêt commun, la troisième aux dépenses dont il rend personnellement compte.

Même règlement, art. 106.

Les deux premières sont subdivisées chacune en *réseau subventionné et réseau non subventionné;* elles sont identiques et comprennent :

1° La *situation,* à la fin de chaque mois, tant en nature qu'en argent, *des dépenses faites par chemin,* et par service d'agent voyer d'arrondissement (*modèle n° 49 A*);

2° Le *journal d'inscription* (*modèle n° 49 B*) *des certificats de payement* délivrés par l'agent voyer en chef, indiquant le montant des ordonnances de fonds, celui des certificats et leur imputation, la date de la délivrance et de l'envoi des mandats;

3° L'*état, par chemin, des certificats délivrés,* avec distinction de l'objet de la dépense et de son imputation (*modèle n° 49 C*);

La troisième partie comprend :

1° Un *état des dépenses du personnel des agents voyers* (*modèle n° 49 D*);

2° Un état des dépenses diverses de toute nature dont l'agent voyer en chef rend personnellement compte. Cet état est dressé dans la forme des *modèles n°s 49 A et 49 C.*

ART. 208.

Règlement général,
art. 107.

En ce qui concerne les chemins de grande communication et d'intérêt commun, l'agent voyer en chef tient, comme annexe de ses livres de comptabilité, un registre (*modèle n° 50*) où des comptes sont ouverts pour les travaux exécutés par entreprise.

Chacun de ces comptes reçoit toutes les indications qui concernent la comptabilité de l'entreprise; il fait connaître la situation, les autorisations données, les crédits ouverts, les dépenses faites, les certificats et les mandats délivrés.

ART. 209.

Même règlement,
art. 108.

Les certificats de payement, délivrés par l'agent voyer en chef, sont établis conformément aux modèles ci-après :

1° Pour les entrepreneurs (*modèle n° 51*);

2° Pour les indemnités de terrains (*modèle n° 52*);

3° Pour le personnel (*modèle n°s 53 et 53 bis*);

4° Pour les autres dépenses (*modèle n° 54*).

Ces certificats, ainsi que ceux relatifs au salaire des cantonniers (*modèle n° 40*), au payement des travaux en régie (*modèle n° 41*), sont adressés au préfet, accompagnés des pièces justificatives et d'un bordereau (*modèle n° 55*).

ART. 210.

Même règlement,
art. 109.

L'agent voyer en chef dresse :

A la fin de l'année, pour les chemins de grande communication et d'intérêt commun, un tableau sommaire des certificats de payement et des mandats délivrés, pendant l'année, pour les entreprises de travaux neufs et de grosses réparations en cours d'exécution (*modèle n° 56*);

A la fin de l'exercice, 1° une situation comparative des crédits ouverts et des dépenses faites pour les chemins de grande communication et d'intérêt commun, avec distinction des chapitres du budget sur lesquels les dépenses ont été imputées (*modèle n° 57*); 2° un état des dépenses dont il rend personnellement compte (*modèle n° 58*); 3° des états présentant, pour les chemins du département, les ressources et les dépenses de l'exercice, ainsi que la situation de ces chemins à la fin de l'année (*modèles n°s 59 , 60, 61, 62*). Ces derniers états, visés par le préfet, sont adressés au Ministre de l'intérieur le 15 juillet.

CHAPITRE V.

COMPTABILITÉ DU MAIRE.

ART. 211.

Le maire est l'ordonnateur de toutes les dépenses relatives aux chemins vicinaux pour lesquelles un crédit a été ouvert au budget communal; mais il ne peut en effectuer aucune par lui-même et il lui est interdit de disposer, autrement que par mandats, sur les receveurs municipaux, des fonds affectés aux travaux des chemins vicinaux, quelle que soit l'origine de ces fonds.

Règlement général, art. 110.

ART. 212.

Tout mandat, pour être valable, devra porter sur un crédit régulièrement ouvert et énoncera l'exercice, le chapitre, les articles et paragraphes du budget auxquels il s'applique, ainsi que le titre et le montant du crédit en vertu duquel il est délivré.

Les mandats seront remis par l'ordonnateur aux créanciers des communes, sur la justification de leur individualité, ou à leurs représentants munis de titres ou de pouvoirs en due forme.

Même règlement, art. 111.

ART. 213.

Les crédits accordés pour le même exercice et le même service seront successivement ajoutés les uns aux autres et formeront; ainsi cumulés, un crédit unique par chapitre, article ou paragraphe, selon le mode d'après lequel ils auront été ouverts.

Même règlement, art. 112.

ART. 214.

Les crédits étant ouverts spécialement pour chaque nature de dépenses, les maires ne devront, pour quelque motif que ce soit, en changer l'affectation. Ils ne pourront non plus en outre-passer le montant par la délivrance de leur mandats.

Même règlement, art. 113.

ART. 215.

Toutes les dépenses d'un exercice devront être mandatées depuis le 1er janvier jusqu'au 15 mars de la seconde année.

Même règlement, art. 114.

Toute créance mandatée qui n'aura pas été acquittée sur les crédits de l'exercice auquel elle se rapporte, dans les délais de la durée de cet exercice, devra être mandatée à nouveau sur les crédits reportés des exercices clos.

ART. 216.

Règlement général, art. 115.

Tout mandat émis par le maire indiquera le nombre et la nature des pièces justificatives qui s'y trouveront jointes.

ART. 217.

Même règlement, art. 116.

Au fur et à mesure de chaque opération de mandatement, il en sera tenu écriture sur deux registres ouverts à la mairie.

ART. 218.

Même règlement, art. 117.

Le premier sera désigné sous le nom de *Journal des Mandats* (*modèle n° 63*).

Le maire y inscrira tous les mandats au fur et à mesure de leur délivrance, et indiquera pour chacun d'eux : 1° son numéro d'ordre ; 2° l'article du budget en vertu duquel il a été délivré ; 3° la date de sa délivrance ; 4° le nom de la partie prenante ; 5° l'objet de la dette ; 6° le montant total du mandat.

Chaque page sera additionnée et le total obtenu reporté à la page suivante, et ainsi de suite jusqu'à la clôture de l'exercice.

ART. 219.

Même règlement, art. 118.

Le second livre portera le nom de *Livre de détail* (*modèle n° 64*).

Dès que le maire recevra le budget approuvé, il ouvrira, dans le livre de détail, un compte à chaque article de crédit porté dans le budget, en suivant le même ordre d'inscription que dans le budget, et en maintenant, à chaque article, le numéro qui lui a été attribué.

ART. 220.

Même règlement, art. 119.

Il indiquera d'abord pour chacun des crédits le numéro de l'article du budget ou le titre qui les a ouverts, leur libellé tel qu'il est formulé dans les budgets ou dans les autorisations supplémentaires, la date de leur ouverture et leur montant.

ART. 221.

Même règlement, art. 120.

Les mandats délivrés sur chaque crédit seront ensuite inscrits au fur et à mesure de leur délivrance. Le maire indiquera, pour chacun d'eux, le numéro qui lui aura été donné au journal, sa date, le nom de la partie prenante et le motif de la délivrance, enfin le montant, dans la colonne réservée au chemin auquel il se rapporte.

ART. 222.

Le *livre de détail* sera clos au 16 mars. Les résultats en seront résumés sur la dernière page, et devront reproduire le total général des mandatements donné par le journal.

Règlement général,
art. 121.

CHAPITRE VI.

COMPTABILITÉ DES RECEVEURS MUNICIPAUX.

—

ART. 223.

Les recettes et les dépenses communales relatives aux chemins vicinaux seront effectuées par le receveur municipal, chargé seul et sous sa responsabilité de poursuivre la rentrée de tous les revenus de la commune et de toutes les sommes qui lui seraient dues, ainsi que d'acquitter les dépenses mandatées par le maire jusqu'à concurrence des crédits régulièrement accordés.

Même règlement,
art. 122.

Tous les rôles de taxes, de sous-répartition et de prestations locales devront parvenir à ce comptable par l'intermédiaire du receveur des finances.

ART. 224.

Toute personne autre que le receveur municipal qui, sans autorisation légale, se serait ingérée dans le maniement des deniers de la commune affectés aux chemins vicinaux, sera, par ce seul fait, constituée comptable; elle pourra en outre être poursuivie, en vertu de l'article 258 du Code pénal, comme s'étant immiscée sans titre dans des fonctions publiques.

Même règlement,
art. 123.

ART. 225.

Les receveurs municipaux recouvreront les divers produits aux échéances déterminées par les titres de perception ou par l'administration et d'après le mode de recouvrement prescrit par les lois et règlements.

Même règlement,
art. 124.

ART. 226.

Ils adresseront le 5 de chaque mois, aux maires des communes de leur circonscription, un état faisant connaître le montant des recouvrements effectués pendant le mois écoulé sur les ressources des chemins vicinaux (*modèle n° 65*).

Même règlement,
art. 125.

ART. 227.

Le recouvrement des produits de chaque exercice devra être terminé le 31 mars de la seconde année, et le receveur municipal pourra être tenu de verser dans sa caisse, sauf à exercer personnellement son recours contre les débiteurs, le montant des restes à recouvrer, pour le recouvrement desquels il ne justifiera pas avoir fait les diligences nécessaires.

ART. 228.

Les ressources créées pour le service des chemins vicinaux, quelle que soit leur origine et qu'elles consistent en argent ou en prestations en nature, ne pourront, sous aucun prétexte, être appliquées soit à des travaux étrangers à ce service, soit à l'entretien, à la réparation ou à la construction de chemins qui n'auraient pas été légalement reconnus et classés comme vicinaux.

Tout emploi, soit de fonds, soit de prestations en nature, qui serait effectué contrairement à cette règle, serait rayé des comptes et mis à la charge du comptable ou de l'ordonnateur, suivant le cas.

ART. 229.

Avant de procéder au payement des mandats délivrés par les maires, les receveurs municipaux devront s'assurer sous leur responsabilité :

1° Que la dépense porte sur un crédit régulièrement ouvert et qu'elle ne dépasse pas le montant de ce crédit.

2° Que la date de la dépense constate une dette à la charge de l'exercice auquel on l'impute et que l'objet de cette dépense ressortit bien au service particulier que le crédit a en vue d'assurer.

3° Que les pièces justificatives, dont le tableau est donné à l'article 238, ont été produites à l'appui de la dépense.

Tout payement qui serait effectué sans l'accomplissement de ces formalités resterait à la charge du comptable.

ART. 230.

Les comptables n'ont pas qualité pour apprécier le mérite des faits auxquels se rapportent les pièces produites à l'appui de chaque mandat. Il suffit, pour garantir leur responsabilité, qu'elles soient certifiées et visées par les agents du service vicinal et par les maires, et que le mandatement concorde avec elles.

ART. 231.

Les receveurs municipaux, en outre des livres généraux dont la tenue est prescrite par les instructions sur la comptabilité communale, tiendront deux registres spéciaux pour la comptabilité des chemins vicinaux.

Règlement général,
art. 130.

ART. 232.

Le premier, désigné sous le nom de *Livre de détail* des recettes et des dépenses pour les chemins vicinaux (*modèle n° 66*) et destiné à présenter d'une manière distincte les opérations relatives à ce service, sera tenu par exercice. Il sera divisé en deux parties :

Même règlement,
art. 131.

La première sera relative aux ressources. Le receveur municipal ouvrira un compte spécial à chacun des articles de recette admis par les budgets primitifs ou supplémentaires, ou par des autorisations spéciales, en suivant le même ordre d'inscription que dans le budget, et en maintenant à chaque article le numéro qui lui a été attribué. Il y inscrira, au fur et à mesure de leur réception, les différents titres qui lui seront adressés par les receveurs des finances et jour par jour les recettes qu'il effectuera en numéraire, en extraits de rôles constatant les travaux effectués, ou en déclarations de retenues pour centimes additionnels. Chaque recette figurera dans la colonne du *livre de détail* à laquelle elle s'applique.

Les ordonnances de décharge et de réduction figureront en bloc à chaque compte au-dessous des produits constatés.

La deuxième partie sera relative aux dépenses effectuées. Un compte distinct sera également ouvert pour chaque crédit inscrit aux budgets primitif ou additionnel, ou accordé par des autorisations spéciales, en suivant le même ordre d'inscription que dans le budget et en maintenant à chaque article le numéro qui lui aura été attribué. Le receveur municipal y inscrira, jour par jour, les diverses dépenses qu'il aura effectuées, en distinguant les différents chemins auxquels elles se rapportent.

ART. 233.

Le second registre, désigné sous le nom de *Carnet des ordonnances de dégrèvement* (*modèle n° 67*), servira à inscrire toutes les réductions et décharges prononcées dans le cours de l'exercice, sur les produits relatifs à la vicinalité. Un compte sera ouvert *pour chaque nature de produits*. Il sera totalisé le 31 mars de la seconde année, et les résultats en seront reportés sur le *livre de détail*.

Même règlement,
art. 132.

ART. 234.

Les receveurs municipaux seront tenus de rendre chaque année un compte spécial par commune, pour les opérations relatives aux chemins vicinaux qu'ils auront effectuées (*Modèle n° 68*).

Ce compte, dressé à la clôture de l'exercice, sera transmis le 5 avril au plus tard au receveur des finances qui, après l'avoir vérifié et certifié, le fera parvenir au préfet le 15 avril, pour tout délai.

ART. 235.

Chaque compte, formé d'après les écritures, devra présenter la *situation* du comptable d'après le compte précédent, la *totalité des opérations* faites pendant l'exercice, tant en recette qu'en payement, et le *résultat général* des recettes et des payements à la clôture de l'exercice.

ART. 236.

Le receveur municipal transcrira littéralement sur ces comptes tous les articles de recette et de dépense ouverts par les budgets primitifs ou supplémentaires ou par des autorisations spéciales, et qui sont relatifs aux chemins vicinaux.

ART. 237.

Les recettes et les payements relatifs aux chemins vicinaux seront justifiés de la manière suivante dans les comptes communaux soumis aux conseils de préfecture ou à la Cour des comptes.

JUSTIFICATION DES RECETTES.

ART. 238.

§ 1er. — *Produit des centimes spéciaux ou des centimes extraordinaires.*

Extrait des rôles généraux ou spéciaux des contributions directes délivré par le percepteur, visé par le maire et le receveur des finances.

§ 2. — *Prestations.*

Avant apurement du rôle, copie de l'exécutoire; et pour établir le montant des réductions, les ordonnances de décharge; après apurement, le rôle lui-même.

§ 3. — *Subventions spéciales.*

Arrêtés de fixation rendus par le conseil de préfecture ou par le préfet en conseil de préfecture, selon que ces subventions auront été réglées dans la forme des expertises ou dans celle des abonnements.

§ 4. — *Souscriptions particulières ou provenant d'associations particulières.*

Copie ou extrait du titre de souscription ou le titre lui-même appuyé de l'acceptation donnée par le préfet, et, dans le cas de réduction du titre, les ordonnances de décharge.

§ 5. — *Emprunts à la caisse des chemins vicinaux ou à toute autre caisse.*

Copie de la délibération du conseil municipal, de l'arrêté du préfet, du décret ou de la loi autorisant l'emprunt. Copie certifiée par le maire des actes qui ont réglé les conditions de l'emprunt.

§ 6. — *Aliénation de délaissés d'anciens chemins déclassés.*

Arrêté préfectoral autorisant la vente; expédition T de l'adjudication ou de l'acte de vente à l'amiable; décompte des intérêts, s'il y a lieu. Si le titre n'est pas apuré à la fin de l'exercice, il ne sera produit qu'un extrait sur papier libre, avec mention que le titre T sera produit ultérieurement.

§ 7. — *Subventions de l'État ou du département.*

Certificat du receveur des finances, visé par le maire, établissant le montant des subventions accordées.

JUSTIFICATION DES DÉPENSES.

ART. 239.

Toutes les pièces justificatives à produire à l'appui des mandats devront être visées par l'ordonnateur.

Règlement général,
art. 138.

§ 1er. — *Prestations en nature.*

Extrait du rôle établissant le relevé des journées ou des tâches effectuées en nature, émargé par le surveillant des travaux, certifié par l'agent voyer cantonal, visé par l'agent voyer d'arrondissement et revêtu de l'attestation du maire que les travaux ont été accomplis.

§ 2. — *Travaux en régie.*

Autorisation du préfet de faire les travaux en régie, si les travaux à exécuter sur un même chemin s'élèvent à plus de 300 francs.

Et selon le cas :

S'il y a un entrepreneur à la tâche, l'état T de ses travaux ou fournitures, certifié par lui et par l'agent voyer cantonal, visé par l'agent voyer d'arrondissement.

S'il n'y a que des fournisseurs et ouvriers employés sous la surveillance du maire ou d'un agent voyer : 1° les mémoires ou factures T certifiés par les fournisseurs, par l'agent voyer cantonal et visés par l'agent voyer d'arrondissement ; 2° les états nominatifs [1] des journées d'ouvriers dûment émargés pour acquit par la signature des ouvriers ou par celle de deux témoins du payement, certifiés par l'agent voyer cantonal et visés par l'agent voyer d'arrondissement ; lesdits états devront indiquer distinctement, pour chaque ouvrier, le lieu des travaux, le nombre des journées de chacun, leur prix et le total revenant à chaque ouvrier. Les avances faites à un régisseur seront justifiées par lui, suivant le cas, par les pièces ci-dessus indiquées ; à l'appui du premier payement, on produira, en outre, copie de l'arrêté du maire nommant le régisseur.

§ 3. — *Travaux à exécuter en vertu d'adjudication ou de marché de gré à gré.*

A l'appui du premier à-compte, décision approbative des travaux ; copie ou extrait du procès-verbal d'adjudication ou du marché, non timbré, mais avec mention que l'expédition T sera fournie avec le mandat pour solde. Justification de la réalisation du cautionnement par le récépissé du receveur municipal, ou une déclaration de versement, et suivant le cas, déclaration du maire, approuvée par le préfet, constatant qu'il n'y a pas eu lieu d'exiger ce cautionnement. Certificat T de l'agent voyer cantonal, visé par l'agent voyer d'arrondissement et le maire, constatant l'avancement des travaux et le montant de la somme à payer.

Pour les à-comptes subséquents, certificat T de l'agent voyer cantonal, visé par l'agent voyer d'arrondissement, rappelant les sommes payées antérieurement et le montant du nouveau mandat à payer.

Quant au solde des travaux, expédition en due forme du procès-verbal d'adjudication ou du marché T ; Devis estimatif T [2] ; Bordereau des prix ; procès-verbal de réception définitive T et décompte général, dressés par l'agent voyer cantonal et visés par l'agent voyer d'arrondissement.

Dans le cas d'adjudication à prix ferme, il n'est pas nécessaire de produire un décompte général, mais le procès-verbal de réception définitive seulement.

[1] T, si la somme à payer à l'un des ouvriers est supérieure à 10 francs.
[2] La soumission tiendra lieu du devis lorsqu'elle énoncera les quantités, les prix et les conditions d'exécution des ouvrages.

§ 4. Indemnités relatives aux acquisitions de terrains.

Dans tous les cas, l'arrêté préfectoral ou le décret qui prescrit l'élargissement, l'ouverture ou le redressement, et déclare les travaux d'utilité publique.

Et :

I. *S'il y a eu cession amiable par les propriétaires :*

1° Expédition, ou extrait de l'acte de cession amiable relatant la transcription, approuvé par le préfet en conseil de préfecture, indiquant les précédents propriétaires, et constatant que le vendeur a produit les titres qui établissent sa possession ;

2° Pièces constatant la purge des hypothèques, c'est-à-dire le certificat de publication et affiches de l'acte, le numéro du journal de l'arrondissement dans lequel l'insertion a été faite. Les publications et l'insertion devront toujours précéder la transcription ;

3° Certificat du conservateur des hypothèques, délivré à l'expiration de la quinzaine de la transcription.

Lorsque l'indemnité ne dépassera pas 500 francs, les pièces relatives à la purge des hypothèques et le certificat du conservateur pourront être remplacés par une délibération du conseil municipal, approuvée par le préfet, dispensant le maire de faire remplir les formalités de la purge des hypothèques ; en outre, l'acte pourra ne pas indiquer les précédents propriétaires, et ne pas être soumis à la transcription ;

4° Certificat de payement de l'agent voyer cantonal visé par l'agent voyer d'arrondissement ;

II. *S'il n'y a pas eu accord avec les propriétaires,* les pièces indiquées dans le cas précédent, sauf les modifications suivantes :

En matière d'élargissement, l'expédition ou l'extrait de l'acte de cession amiable sera remplacé par une expédition de la décision du juge de paix fixant le chiffre de l'indemnité ou par le jugement du tribunal civil, s'il y a eu appel de la sentence du juge de paix ; l'une ou l'autre de ces pièces dûment transcrite à la conservation des hypothèques. Le conseil municipal pourra également dispenser de l'accomplissement des formalités de transcription et de purge des hypothèques si l'indemnité allouée ne dépasse pas 500 francs.

En matière d'ouverture ou de redressement, l'expédition de l'acte de cession amiable sera remplacée par les pièces ci-après :

1° Copie ou extrait du jugement d'expropriation relatant textuellement la transcription ;

2° Certificat du maire constatant que le jugement a été *notifié, publié et affiché*, et indiquant les époques de l'accomplissement de ces formalités ;

3° Le numéro du journal dans lequel le jugement aura été inséré par extrait.

La transcription devra toujours être postérieure aux formalités de notification, de publication, d'affiche et d'insertion ;

4° Certificat du greffier du tribunal qui a rendu le jugement, constatant qu'il n'y a pas eu de pourvoi dans les trois jours de la notification, ou copie de l'arrêt de rejet lorsque la Cour de cassation a été saisie ;

5° Certificat du conservateur des hypothèques, délivré après l'expiration du délai de quinzaine de la transcription du jugement ;

6° Copie ou extrait de la décision du jury portant fixation de l'indemnité d'expropriation ;

7° Certificat du greffier du tribunal du ressort, constatant qu'il n'y a pas eu de pourvoi dans la quinzaine de la décision du jury, ou copie de l'arrêt de rejet, lorsque la Cour de cassation a été saisie ;

8° Certificat du maire constatant que, dans les huit jours qui ont suivi l'avertissement donné en exécution de l'article 6 de la loi du 3 mai 1841, aucun tiers ne s'est fait connaître comme intéressé au règlement de l'indemnité ou, dans le cas contraire, désignant ces tiers ;

9° Certificat du maire constatant la représentation des titres réguliers qui établissent la possession et expliquent au besoin les motifs pour lesquels l'ayant droit n'est pas identiquement la personne dénommée dans le jugement d'expropriation. Dans ce dernier cas, le propriétaire réel devra produire un certificat constatant sa situation hypothécaire. Ce certificat pourra être remplacé, si l'indemnité ne dépasse pas 500 francs, par une délibération du conseil municipal, approuvée par le préfet, portant dispense de fournir cette pièce ;

10° Certificat de payement délivré par l'agent voyer cantonal et visé par l'agent voyer d'arrondissement.

Si les offres faites par l'administration municipale, conformément à l'article 23 de la loi du 3 mai 1841, ont été acceptées, les pièces dont la production est prescrite par les alinéas 6° et 7° seront remplacées par l'acte d'acceptation des offres, sous forme de convention.

Tous les actes passés en vertu d'une déclaration d'utilité publique, et qui dans les cas ordinaires devraient être timbrés, sont exempts du timbre, mais sont visés pour timbre gratis.

Nota. Si la propriété vendue appartient en totalité ou en partie à des mineurs, interdits, absents ou incapables, le contrat doit rappeler l'autorisation donnée par le tribunal d'accepter les offres de la commune, ou, dans le cas de cession amiable et si l'immeuble est d'une valeur qui n'excède pas 100 francs, relater la délibération du conseil municipal acceptant l'offre du tuteur de se porter fort pour le mineur et de faire ratifier la vente à sa majorité.

Pour les immeubles dotaux, on devra exiger l'autorisation donnée par le tribunal d'accepter les offres de la commune et la justification du remploi lorsqu'il est ordonné.

S'il existe des inscriptions hypothécaires ou oppositions qui empêchent le payement, le prix de vente est versé a la Caisse des dépôts et consignations en vertu d'un arrêté du maire qui est produit avec le récépissé T du préposé de la caisse et toutes les pièces énoncées ci-dessus, à l'exception de l'état des inscriptions délivré par le conservateur. Cette pièce est remplacée par le reçu du préposé de la Caisse des dépôts, à qui elle est remise.

Il ne sera pas fait d'offres réelles toutes les fois qu'il existera des inscriptions sur les immeubles expropriés ou autres obstacles au versement des deniers entre les mains des ayants droit. (Loi du 3 mai 1841.)

§ 5. *Indemnités relatives soit à des extractions de matériaux, soit à des dépôts ou enlèvements de terre, soit à des occupations temporaires de terrains.*

Si l'indemnité a été fixée à l'amiable :

1° L'accord, visé pour timbre gratis, fait entre l'administration et le propriétaire, et approuvé par le préfet;

2° Certificat de payement délivré par l'agent voyer cantonal et visé par l'agent voyer d'arrondissement.

Si l'indemnité n'a pu être fixée à l'amiable :

1° Extrait de l'arrêté préfectoral qui autorise les extractions de matériaux ou les occupations temporaires de terrains;

2° Arrêté du conseil de préfecture qui a fixé l'indemnité;

3° Certificats de notification et de non-pourvoi, ou arrêt du Conseil d'État;

4° Certificat de payement délivré par l'agent voyer cantonal, visé par l'agent voyer d'arrondissement.

§ 6. *Contingent de la commune dans les travaux des chemins vicinaux de grande communication et d'intérêt commun, si le contingent doit être acquitté en tout ou en partie en argent.*

Extrait de l'arrêté du préfet;

Récépissé du receveur des finances.

§ 7. *Concours dans le traitement des agents voyers.*

Extrait de l'arrêté du préfet;

Récépissé du receveur des finances.

§ 8. *Frais de confection de rôles et d'états-matrices.*

Extrait de l'arrêté du préfet;

Récépissé du receveur des finances.

§ 9. *Salaire des cantonniers employés sur les chemins vicinaux ordinaires.*

Certificat de payement dressé par l'agent voyer cantonal et visé par l'agent voyer d'arrondissement, indiquant le montant du traitement des cantonniers et le nombre des jours pour le payement desquels le mandat est délivré.

§ 10. *Travaux entrepris en commun par plusieurs communes et salaires y relatifs.*

Extrait de l'arrêté du préfet;

Récépissé du receveur des finances.

Le tout sans préjudice des titres des parties, suivant les cas.

ART. 240.

Règlement général, art. 139.

Toutes les dépenses autres que celles énoncées ci-dessus seront justifiées comme il est prescrit par les règlements sur la comptabilité communale. Un certificat de payement délivré par l'agent voyer cantonal et visé par l'agent voyer d'arrondissement devra être joint à l'appui de chaque mandat.

CHAPITRE VII.

COMPTABILITÉ DU PRÉFET.

ART. 241.

Même règlement, art. 140.

Les ressources afférentes aux travaux des chemins de grande communication et d'intérêt commun sont rattachées au budget départemental.

ART. 242.

Le préfet mandate les dépenses relatives aux chemins de grande communication et d'intérêt commun, dans la limite des crédits ouverts au budget départemental et des ordonnances délivrées par le Ministre de l'intérieur.

Règlement général, art. 141.

ART. 243.

Les mandats sont délivrés sur des modèles conformes à la formule annexée au règlement ministériel du 30 novembre 1840, sur la comptabilité publique.

Même règlement, art. 142.

ART. 244.

Indépendamment des livres journaux, du grand livre et des livres auxiliaires prescrits par les articles 299 à 302 du décret du 31 mai 1838, le préfet tient, par exercice, pour le service de la vicinalité, un livre de comptabilité divisé en quatre parties.

Même règlement, art. 143.

Chemins de grande communication.

La première partie concerne les chemins de grande communication. Elle se divise en trois sections.

La première section (*modèle n° 69 A*) se compose d'un journal sur lequel les opérations concernant les produits éventuels en argent, c'est-à-dire la fixation définitive des contingents, la délivrance des titres, des ordonnances et des mandats et la constatation des recouvrements, sont inscrites par ordre chronologique.

Les titres et les ordonnances sont inscrits en détail sur cette section du livre. Les contingents peuvent y être portés en bloc.

La deuxième section (*modèle n° 69 B*) indique, pour chaque ligne : 1° le montant détaillé des contingents et des autres ressources à recouvrer en argent; 2° le montant des titres délivrés avec désignation de la provenance des ressources à recouvrer; 3° le montant des recouvrements effectués et des mandats délivrés sur produits éventuels; 4° le montant des subventions allouées et des mandats délivrés sur les fonds départementaux et de l'État; 5° le montant des non-valeurs accordées.

La troisième section (*modèle n° 69 C*), comprend le relevé détaillé des titres restant à délivrer à la clôture de l'exercice.

Chemins d'intérêt commun.

La seconde partie concerne les chemins d'intérêt commun. Elle est identique à la première.

Prestations.

La troisième partie (*modèle n° 69 D*) est relative aux prestations applicables aux chemins de grande communication et d'intérêt commun. Elle indique par commune : 1° le montant des prestations exigibles en argent à défaut d'option ou d'exécution ; 2° le montant des prestations effectuées en nature ; 3° le montant des titres délivrés sur prestations à recouvrer en argent à défaut d'exécution.

Dégrèvements.

La quatrième partie est relative aux dégrèvements. Elle se divise en deux sections.

La première section (*modèle n° 69 E*) concerne les dégrèvements accordés sur ressources spécialement applicables aux chemins de grande communication et d'intérêt commun.

La deuxième section (*modèle n° 69 F*) indique le montant, par ordonnance, des dégrèvements accordés sur l'ensemble des prestations et sur toutes autres ressources applicables à la petite vicinalité, avec distinction, s'il y a lieu, de la partie des non-valeurs sur prestations qui est afférente aux chemins de grande communication et d'intérêt commun.

Art. 245.

Les titres de perception des ressources éventuelles applicables aux chemins de grande communication et d'intérêt commun sont délivrés par le préfet sur une formule *modèle n° 70*. Ils sont dressés par arrondissement et indiquent l'exercice auquel appartiennent les fonds à recouvrer, la section et le paragraphe de la nomenclature des produits départementaux arrêtée de concert entre les départements de l'intérieur et des finances, ainsi que le sous-chapitre et l'article du budget départemental sous lesquels sont inscrites les dépenses que les fonds à recouvrer sont destinés à couvrir.

Lorsqu'il s'agit de prestations à recouvrer en argent à défaut d'exécution, la formule peut être remplacée par l'état, visé par l'agent voyer en chef et approuvé par le préfet, que l'agent voyer d'arrondissement doit dresser en exécution de l'article 147 de la présente instruction.

La minute des titres est envoyée au trésorier payeur général, chargé de poursuivre le recouvrement des sommes dues. Un extrait ou une expédition, s'il en est besoin, en est adressé à l'agent voyer en chef.

Règlement général, art. 144.

ART. 246.

Le préfet fournira, à l'appui des titres de recette concernant les chemins de grande communication et d'intérêt commun, les pièces exigées
par le ministère de l'intérieur et celui des finances, concernant les recettes
des produits éventuels départementaux.

Règlement général, art. 145.

Justification des dépenses.

ART. 247.

On produira à l'appui des mandats de payement, pour dépenses relatives aux chemins de grande communication et d'intérêt commun, les
pièces indiquées, pour les dépenses départementales, dans la nomenclature annexée au règlement du 30 novembre 1840, sur la comptabilité
publique. Les modifications qui pourraient être apportées à ce règlement
seront applicables aux dépenses des chemins de grande communication
et d'intérêt commun.

Même règlement, art. 146.

CHAPITRE VIII.

COMPTABILITÉ DU TRÉSORIER PAYEUR GÉNÉRAL.

ART. 248.

Le trésorier payeur général est chargé de recouvrer les divers produits afférents aux chemins de grande communication et d'intérêt commun.

Même règlement, art. 147.

ART. 249.

Le trésorier payeur général tient un livre (*modèle n° 71*) sur lequel il
inscrit, en les distinguant, les produits destinés aux chemins de grande
communication et d'intérêt commun.

Il enregistre, *au débit* des comptes relatifs aux chemins de grande
communication et d'intérêt commun, le montant des sommes à recouvrer
sur chaque fonds, d'après les rôles, états ou titres qui lui sont transmis
par le préfet. Cet enregistrement indique la date de la réception des

Même règlement, art. 148.

états, rôles ou autres titres en vertu desquels les recouvrements doivent
être opérés, la nature de ces états ou titres, et le montant des sommes
à recouvrer.

Le trésorier payeur général enregistre *au crédit* des comptes le
montant des recouvrements effectués.

Ce livre est tenu par exercice.

ART. 250.

Règlement général,
art. 149.

Indépendamment de ce livre, le trésorier payeur général tient un
carnet supplémentaire sur lequel il indique ses opérations, tant en recette qu'en dépense, pour chaque ligne de grande communication et
d'intérêt commun.

ART. 251.

Même règlement,
art. 150.

Le trésorier payeur général dresse et fait parvenir au préfet, à la fin
de chaque mois, un état comparatif (*modèle 72*) des recouvrements à
faire et des recouvrements effectués pour les chemins de grande communication, et un état semblable en ce qui touche les chemins d'intérêt
commun.

A la suite de ces états, le trésorier payeur général indique le montant des recouvrements effectués pour chaque ligne vicinale.

Le trésorier payeur général joint à cet envoi un relevé détaillé (*modèle n° 73*) des recouvrements opérés au profit des chemins de grande
communication et d'intérêt commun. Ce relevé est distinct du relevé
semblable que le trésorier payeur général doit fournir en ce qui concerne les autres produits éventuels départementaux.

Ces états et relevés font connaître l'exercice auquel appartiennent,
d'après les titres de perception, les recouvrements effectués.

ART. 252.

Même règlement,
art. 151.

Le recouvrement du montant des titres de perception émis au profit
des chemins de grande communication et d'intérêt commun doit être
opéré au 31 mars de la deuxième année de l'exercice.

S'il existe à cette époque des restes à recouvrer sur quelques-uns des
produits, le trésorier payeur général rend compte et justifie au préfet
des circonstances qui se sont opposées à la rentrée des reliquats. Il dresse
à cet effet, pour chaque catégorie de chemins, un état (*modèle n° 74*)
contenant la désignation des débiteurs, celle des sommes dues par
chacun d'eux et les motifs du non-recouvrement.

Le préfet détermine et fait inscrire sur cet état : 1° les reliquats passés en non-valeurs; 2° les reliquats à mettre à la charge des comptables; 3° les restes à reporter à l'exercice suivant.

ART. 253.

Lorsque les états des restes à recouvrer sont définitivement arrêtés, le trésorier payeur général opère, sur les titres de perception de l'exercice, la réduction des sommes à appliquer à l'exercice suivant, et il en prend charge comme titre de perception de ce dernier exercice.

Règlement général,
art. 152.

ART. 254.

Dans la quinzaine qui suit l'époque fixée pour la clôture de l'exercice, au point de vue du payement des mandats, le trésorier payeur général adresse au préfet : 1° un état (*modèle n° 75*) indiquant la situation financière de chaque ligne vicinale de grande communication, au moment de cette clôture;

Même règlement,
art. 153.

2° Un état détaillé (*modèle n° 76*) des mandats impayés au moment de la clôture de l'exercice.

Des états semblables sont produits pour les chemins d'intérêt commun.

ART. 255.

Le trésorier payeur général fait connaître au préfet, chaque fois que ce dernier le juge convenable, le montant, pour chaque ligne vicinale, des titres délivrés, des recouvrements effectués, des dépenses soldées et des mandats restant à payer.

Même règlement,
art. 154.

ART. 256.

Toutes les prescriptions du présent règlement relatives à la comptabilité des chemins de grande communication et d'intérêt commun, et notamment celles des articles 241 et 248, sont applicables aux chemins vicinaux ordinaires qui, sans avoir été classés parmi les chemins vicinaux de grande communication ou d'intérêt commun, intéressent plusieurs communes, et peuvent bénéficier des dispositions de l'article 72 de la loi du 18 juillet 1837.

Même règlement,
art. 155.

CHAPITRE IX.

CONSERVATION ET MOUVEMENT DES OBJETS APPARTENANT AU SERVICE.

1° *Agent voyer cantonal.*

ART. 257.

Règlement général,
art. 156.

L'agent voyer cantonal tient, pour les chemins de grande communication et d'intérêt commun, un registre d'inventaire (*modèle n° 77*) sur lequel sont inscrits tous les objets appartenant au service vicinal et existant, soit dans son bureau, soit dans les divers lieux de dépôt ou magasins.

Ce registre est divisé en quatre parties :

La première partie comprend les outils et machines (*modèle 77 A*);

La deuxième partie comprend les instruments de précision (*modèle 77 B*);

La troisième partie comprend le mobilier des bureaux (*modèle 77 C*);

La quatrième partie comprend les livres, cartes et dessins (*modèle 77 D*).

Dans chaque partie les objets sont classés par ordre alphabétique.

ART. 258.

Même règlement,
art. 157.

Les numéros d'ordre de classement des objets se continuent dans les quatre parties de l'inventaire. A cet effet, on réserve, à la suite de chaque partie et de chaque nature d'objets, les nombres de pages et de numéros d'ordre présumés nécessaires pour que le même registre puisse recevoir l'inscription de nouveaux articles, pendant une période de dix ans environ.

ART. 259.

Même règlement,
art. 158.

Tous les objets appartenant au service seront recensés et inscrits sur l'inventaire, lors de la mise en vigueur du présent règlement.

Chaque objet nouveau sera porté ensuite sur l'inventaire au moment de l'acquisition ou de la remise qui en sera faite.

Les objets inscrits sur les trois premières parties seront marqués des lettres S V incrustées dans le bois, ou gravées sur le métal, et, autant que possible, ils porteront leur numéro de classement dans l'inventaire.

Les objets inscrits dans la quatrième partie recevront un timbre de forme circulaire, avec encre noire.

ART. 260.

Lorsque des outils, achetés aux frais du service, seront remis à des cantonniers, ces outils seront, en outre, inscrits sur leurs livrets.

Règlement général,
art. 159.

ART. 261.

Les objets inscrits sur l'inventaire d'une circonscription cantonale ne peuvent passer dans une autre circonscription que d'après un ordre (*modèle n° 78*) extrait d'un registre à souche tenu par l'agent voyer d'arrondissement ou l'agent voyer en chef.

Même règlement,
art. 160.

L'agent voyer détenteur de l'objet qui doit être déplacé le remet à la personne désignée (*modèle n° 78*), contre le reçu annexé à cet ordre, et il mentionne dans la colonne d'observations de son registre la date de la remise.

Si l'objet est rendu à l'agent qui l'a délivré, cet agent remet le reçu et constate la rentrée de l'objet par une nouvelle note dans la colonne d'observations.

ART. 262.

Au commencement de l'année, l'agent voyer cantonal envoie à l'agent voyer d'arrondissement :

Même règlement,
art. 161.

1° Son registre d'inventaire, qui lui est retourné après que copie en a été prise dans le bureau de l'agent voyer d'arrondissement;

2° Deux bulletins (*modèle n° 79*), l'un pour les chemins de grande communication, l'autre pour les chemins d'intérêt commun, sur lesquels sont portés les objets usés ou ne pouvant plus être utilisés, et dont la vente ou la radiation est proposée.

Lorsque les bulletins sont retournés à l'agent voyer cantonal avec des annotations indiquant, soit l'autorisation de vente, soit l'ordre de faire réparer, soit toute autre mesure à prendre, celui-ci mentionne à l'encre rouge, dans la colonne d'observations de son inventaire, la suite donnée à sa proposition; puis, au moment où il se dessaisit des objets, il biffe en rouge toutes les inscriptions qui les concernent.

2° *Agent voyer d'arrondissement.*

ART. 263.

L'agent voyer d'arrondissement tient, pour l'inscription et le mouvement des objets appartenant au service vicinal, les registres suivants :

Même règlement,
art. 162.

1° Un inventaire destiné à l'inscription des objets qui lui sont confiés directement et qui ne sont point affectés spécialement à une circonscription cantonale : cet inventaire est composé conformément aux articles 257, 258 et 259 ci-dessus ;

2° Une copie de chacun des inventaires des circonscriptions cantonales de son ressort : ces copies sont mises à jour au commencement de l'année, au moyen des registres originaux communiqués par les agents voyers cantonaux et qui leur sont renvoyés aussitôt ;

3° Un journal de déplacement des objets portés sur les inventaires (*modèle n° 78*), sur la souche duquel il conserve la trace des ordres donnés par lui aux agents voyers cantonaux.

ART. 264.

Règlement général, art. 163.

Les bulletins des objets dont la vente est proposée, et qui dépendent du service des chemins de grande communication et d'intérêt commun, sont vérifiés par l'agent voyer d'arrondissement et transmis avec ses propositions à l'agent voyer en chef. L'agent voyer d'arrondissement fait connaître ultérieurement à l'agent voyer cantonal les mesures ordonnées au sujet de ces bulletins.

ART. 265.

Même règlement, art. 164.

Les dépôts des objets portés sur les inventaires des agents voyers cantonaux sont vérifiés par les agents voyers d'arrondissement, aux époques fixées par l'agent voyer en chef et au moins une fois par an.

Les résultats de ces vérifications sont adressés à l'agent voyer en chef, sous forme de procès-verbaux, avec les propositions jugées nécessaires.

ART. 266.

Même règlement, art. 165.

Au commencement de l'année, l'agent voyer d'arrondissement envoie à l'agent voyer en chef :

1° Son registre d'inventaire, qui lui est retourné après que la copie en a été prise ;

2° Un bulletin (*modèle n° 79*), sur lequel sont portés les objets dudit inventaire usés ou ne pouvant plus être utilisés, et dont la vente ou la radiation est proposée.

3° *Agent voyer en chef.*

ART. 267.

L'agent voyer en chef tient, pour l'inscription et le mouvement des objets appartenant au service vicinal, les registres suivants :

1° Un inventaire destiné à l'inscription des objets qui lui sont confiés directement et qui ne sont point affectés spécialement à un arrondissement.

Cet inventaire est composé conformément aux articles 257, 258 et 259 ci-dessus ;

2° Une copie de chacun des inventaires des agents voyers d'arrondissement. Ces copies sont mises à jour au commencement de l'année, au moyen des registres originaux communiqués par les agents voyers d'arrondissement ;

3° Un journal de déplacement des objets portés sur les inventaires (*modèle n° 78*), sur la souche duquel il conserve la trace des ordres donnés par lui aux agents voyers d'arrondissement.

Même règlement, art. 166.

ART. 268.

Les bulletins des objets dont la vente ou la radiation est proposée par les agents voyers d'arrondissement, et qui dépendent du service des chemins vicinaux de grande communication ou d'intérêt commun, sont visés par l'agent voyer en chef et adressés avec ses propositions au préfet.

L'agent voyer en chef fait connaître ensuite aux agents voyers d'arrondissement les mesures prises par le préfet.

Même règlement, art. 167.

ART. 269.

Les dépôts des objets portés sur les inventaires des agents voyers d'arrondissement et des agents voyers cantonaux sont visités par l'agent voyer en chef pendant ses tournées.

Même règlement, art. 168.

MESURES À PRENDRE EN CAS DE REMPLACEMENT OU DE DÉCÈS D'UN AGENT VOYER.

ART. 270.

Lorsqu'un agent voyer est remplacé, il doit, avant son départ, procéder à la vérification des objets portés sur l'inventaire, de concert avec son successeur. Il lui en fait en même temps la remise.

Même règlement, art. 169.

Le nouvel agent donne son reçu sur une des dernières pages de l'inventaire. Il y ajoute, s'il y a lieu, des observations qui sont visées par son prédécesseur.

Un procès-verbal, dressé contradictoirement entre les deux agents, constate la vérification et la remise de l'inventaire, et mentionne, le cas échéant, les observations faites. Ce procès-verbal est transmis immédiatement à l'agent voyer d'arrondissement, si c'est un agent voyer cantonal qui est remplacé, et à l'agent voyer en chef, si c'est un agent voyer d'arrondissement qui est remplacé. Les procès-verbaux dressés lors du remplacement des agents voyers cantonaux sont communiqués à l'agent voyer en chef toutes les fois qu'ils contiennent des observations.

ART. 271.

Règlement général,
art. 170.

Lorsqu'un agent est obligé de partir avant l'arrivée de son successeur, il fait provisoirement la remise de l'inventaire, si c'est un agent voyer en chef, à l'un des agents voyers d'arrondissement; si c'est un agent voyer d'arrondissement, à l'un des agents voyers cantonaux désignés par l'agent voyer en chef; et si c'est un agent voyer cantonal, à un autre agent de même grade désigné par l'agent voyer d'arrondissement.

Cette remise est, dans tous les cas, constatée par un procès-verbal dressé comme il est dit à l'article précédent.

ART. 272.

Même règlement,
art. 171.

En cas de décès d'un agent voyer, il est procédé sans délai au récolement de l'inventaire de cet agent.

L'opération est faite, savoir : par le successeur, s'il est nommé immédiatement, sinon, par l'agent intérimaire, en attendant la nomination du successeur.

Il est dressé procès-verbal de cette opération, et toutes les mesures sont prises pour que les objets appartenant au service ne se trouvent pas confondus avec ceux qui dépendent de la succession de la famille.

TITRE V.

CONSERVATION ET POLICE DES CHEMINS.

CHAPITRE PREMIER.

ALIGNEMENTS ET AUTORISATIONS DIVERSES.

SECTION PREMIÈRE.

DISPOSITIONS GÉNÉRALES.

ART. 273.

Nul ne pourra, sans y être préalablement autorisé, faire aucun ouvrage de nature à intéresser la conservation de la voie publique ou la facilité de la circulation, sur le sol ou le long des chemins vicinaux, et spécialement :

1° Faire sur ces chemins ou leur dépendances aucune tranchée, ouverture, dépôt de pierres, terres, fumiers, décombres ou autres matières.

2° Y enlever du gazon, du gravier, du sable, de la terre ou autres matériaux;

3° Y étendre aucune espèce de produits ou matières;

4° Y déverser des eaux quelconques, de manière à causer des dégradations;

5° Établir sur les fossés des barrages, écluses, passages permanents ou temporaires;

6° Construire, reconstruire ou réparer aucun bâtiment, mur ou clôture quelconque, à la limite des chemins;

7° Ouvrir des fossés, planter des arbres, bois taillis ou haies, le long desdits chemins;

8° Établir des puits ou citernes, à une distance moindre que celle fixée par le règlement général.

Toute demande à fin d'autorisation desdits ouvrages ou travaux devra être présentée sur papier timbré.

Règlement général,
art. 172.

ART. 274.

Réglement général,
art. 173.

Les autorisations, en ce qui concerne les chemins vicinaux ordinaires, seront données par le maire, sur l'avis de l'agent voyer.

ART. 275.

Même règlement,
art. 174.

Dans aucun cas, les maires ne pourront donner d'autorisations verbales. Les autorisations devront faire l'objet d'un arrêté dont une expédition sera remise aux parties intéressées.

ART. 276.

Même règlement,
art. 175.

Les autorisations, en ce qui concerne les chemins de grande communication et d'intérêt commun, seront données par le préfet, sur le rapport des agents voyers, ou par le sous-préfet, sur le rapport des mêmes agents, lorsqu'il existera un plan régulièrement approuvé. (Loi du 4 mai 1864, art. 2.)

ART. 277.

Même règlement,
art. 176.

Toute autorisation, de quelque nature qu'elle soit, réservera expressément les droits des tiers; elle stipulera, pour les ouvrages à établir sur la voie publique ou sur ses dépendances, l'obligation d'entretenir constamment ces ouvrages en bon état. Les arrêtés d'autorisation porteront que ces autorisations seront révocables, soit dans le cas où le permissionnaire ne remplirait pas les conditions imposées, soit si la nécessité en était reconnue dans un but d'utilité publique.

SECTION II.

CONSTRUCTIONS.

ART. 278.

Même règlement,
art. 177.

Lorsqu'il sera dressé des plans d'alignement des chemins vicinaux, ces plans et projets seront déposés pendant quinze jours à la mairie de la commune; les habitants seront invités, par publications et affiches, à venir en prendre connaissance. Un registre sera ouvert pendant la quinzaine du dépôt pour recevoir leurs réclamations et observations; le conseil municipal en délibérera, et l'ensemble de ces documents sera transmis au préfet par le sous-préfet, avec son avis, pour être statué par le préfet, sur le rapport de l'agent voyer en chef.

ART. 279.

Lorsque les chemins vicinaux auront la largeur légale, les alignements à donner pour constructions et reconstructions seront tracés de manière à ce que l'impétrant puisse construire sur la limite séparative de sa propriété et du chemin.

Lorsque les chemins n'auront pas la largeur qui leur a été attribuée par l'arrêté de classement ou par arrêté ultérieur, les alignements pour constructions et reconstructions seront délivrés, conformément aux limites déterminées par le plan, régulièrement approuvé.

Lorsque les chemins auront plus que la largeur légale et que les propriétaires riverains seront autorisés, par mesure d'alignement, à avancer leur construction jusqu'à l'extrême limite de cette largeur, ils devront payer la valeur du sol du chemin ainsi concédé, et de ses dépendances.

Cette valeur sera réglée, soit à l'amiable entre les propriétaires et l'Administration, soit à dire d'experts, par application de l'article 19 de la loi du 21 mai 1836.

L'arrêté d'alignement devra faire connaître que la prise de possession ne pourra avoir lieu qu'en vertu d'une délibération du conseil municipal, régulièrement approuvée.

Règlement général art. 178.

ART. 280.

Tout ce qui concerne le mode d'ouverture des portes et fenêtres et les saillies de toute espèce sur les chemins vicinaux sera déterminé par un règlement spécial arrêté par le préfet. Jusqu'à ce que ce règlement ait été fait, il y sera pourvu dans chaque cas particulier par le maire, s'il s'agit d'un chemin vicinal ordinaire, et par le préfet, s'il s'agit d'un chemin de grande communication et d'intérêt commun.

Même règlement, art. 179.

ART. 281.

Les travaux à faire à des constructions existantes, le long et joignant les chemins vicinaux, sur les points où ils n'ont pas leur largeur légale, ne seront autorisés que dans le cas où ces travaux n'auront pas pour effet de consoli er le mur de face.

Même règlement art. 180.

ART. 282.

L'arrêté portant autorisation de construire ou de réparer fera connaître, si la demande en est faite par les intéressés, et dans les limites

Même règlement, art. 181.

nécessaires pour assurer la circulation, l'espace que pourront occuper les échafaudages et les dépôts, et la durée de cette occupation.

ART. 283.

Règlement général, art. 182.

Lorsqu'une construction sise le long d'un chemin vicinal menacera ruine, et que la conservation en serait dangereuse pour la sûreté publique, le péril sera constaté par un agent voyer dont le rapport sera communiqué au propriétaire avec injonction de démolir. Dans le cas où le propriétaire contesterait l'état de péril, il sera procédé à une expertise contradictoire, dans la forme prescrite par les déclarations du Roi en date des 18 juillet 1729 et 18 août 1730.

Toutefois, en cas de péril imminent, la démolition d'office des constructions pourra être ordonnée d'urgence.

ART. 284.

Loi du 16 septembre 1807, art. 50.

Lorsqu'un chemin vicinal n'aura pas encore sa largeur légale et que les propriétaires de constructions bordant ce chemin feront volontairement démolir leurs bâtiments ou murs, ou lorsqu'ils seront contraints de les démolir pour cause de vétusté et de péril, ils n'auront droit à indemnité que pour la valeur du sol qu'ils délaisseront à la voie publique.

ART. 285.

Règlement général, art. 183.

Les autorisations de construire ou reconstruire le long des chemins vicinaux devront stipuler les réserves et conditions nécessaires pour garantir le libre écoulement des eaux, sans qu'il en puisse résulter de dommage pour ces chemins.

SECTION III.

PLANTATIONS D'ARBRES.

ART. 286.

Même règlement, art. 184.

Aucune plantation d'arbres ne pourra être effectuée le long et joignant les chemins vicinaux, qu'en observant les distances fixées par le règlement préfectoral.

ART. 287.

Même règlement, art. 185.

Les plantations faites antérieurement à la publication du règlement, et à des distances moindres que celles qu'il prescrit, pourront être conservées, mais elles ne pourront être renouvelées qu'à la charge d'observer les distances fixées.

ART. 288.

Les plantations faites par des particuliers sur le sol des chemins vicinaux, avant la publication du présent règlement, pourront être conservées si les besoins de la circulation le permettent, mais elles ne pourront dans aucun cas être renouvelées.

Règlement général, art. 186.

ART. 289.

Si l'intérêt de la viabilité exigeait la destruction des plantations existant sur le sol des chemins vicinaux, les propriétaires seraient mis en demeure, par un arrêté du maire, pour les chemins vicinaux ordinaires, et du préfet, pour les chemins de grande communication et d'intérêt commun, d'enlever, dans un délai déterminé, les arbres qui leur appartiendraient, sauf à eux à faire valoir le droit qu'ils croiraient avoir à une indemnité. Si les particuliers n'obtempéraient pas à cette mise en demeure, il serait dressé un procès-verbal pour être statué par l'autorité compétente.

Même règlement, art. 187.

ART. 290.

Les communes qui en feront la demande pourront être autorisées par le préfet à faire des plantations sur le sol des chemins vicinaux. Les conditions auxquelles ces plantations seront faites, l'espacement des arbres entre eux, ainsi que la distance à observer entre les plantations et les propriétés riveraines, seront déterminés par le préfet dans son arrêté d'autorisation.

Même règlement, art. 188.

SECTION IV.

PLANTATION DE HAIES.

ART. 291.

Les haies vives ne pourront être plantées à une distance de la limite extérieure des chemins, moindre que celle fixée par le règlement.

Même règlement, art. 189.

ART. 292.

La hauteur des haies ne devra jamais excéder celle prescrite par le règlement, sauf les exceptions exigées par des circonstances particulières et pour lesquelles il sera donné des autorisations spéciales.

Même règlement, art. 190.

ART. 293.

Les haies plantées antérieurement à la publication du règlement, à des distances moindres que celles prescrites par l'article 291, pourront être conservées; mais elles ne pourront être renouvelées qu'à la charge d'observer cette distance.

SECTION V.

ÉLAGAGE.

—

ART. 294.

Les arbres, les branches, les haies et les racines qui avanceraient sur le sol des chemins vicinaux seront coupés à l'aplomb des limites de ces chemins, à la diligence des propriétaires ou des fermiers.

ART. 295.

Si le propriétaire ou le fermier négligeait ou refusait de se conformer aux prescriptions qui précèdent, il en serait dressé procès-verbal pour être statué par l'autorité compétente.

SECTION VI.

FOSSÉS APPARTENANT À DES PARTICULIERS.

ART. 296.

Les propriétaires riverains ne pourront ouvrir de fossés le long d'un chemin vicinal à une distance de la limite du chemin moindre que celle fixée par le règlement. Ces fossés devront avoir un talus d'un mètre de base au moins pour un mètre de hauteur.

ART. 297.

Tout propriétaire qui aura fait ouvrir des fossés sur son terrain, le long d'un chemin vicinal, devra entretenir ces fossés de manière à empêcher que les eaux nuisent à la viabilité du chemin.

ART. 298.

Si les fossés ouverts par des particuliers sur leur terrain, le long d'un chemin vicinal, avaient une profondeur telle qu'elle pût présenter des dangers pour la circulation, les propriétaires seront tenus de prendre les dispositions qui leur seront prescrites pour assurer la sécurité du passage : injonction leur sera faite à cet effet, par arrêté du maire ou du préfet, selon le cas.

SECTION VII.

ÉTABLISSEMENT D'OUVRAGES DIVERS JOIGNANT OU TRAVERSANT LA VOIE PUBLIQUE.

ART. 299.

Les autorisations pour l'établissement, par les propriétaires riverains, d'aqueducs et de ponceaux sur les fossés des chemins vicinaux, régleront le mode de construction, les dimensions à donner aux ouvrages et les matériaux à employer; elles stipuleront toujours la charge de l'entretien par l'impétrant et le retrait de l'autorisation donnée, dans le cas où les conditions posées ne seraient pas remplies ou s'il était reconnu que ces ouvrages nuisent à l'écoulement des eaux ou à la circulation.

Règlement général, art. 197.

ART. 300.

Les autorisations de conduire les eaux d'un côté à l'autre du chemin prescriront le mode de construction et les dimensions des travaux à effectuer par les pétitionnaires.

Même règlement, art. 198.

ART. 301.

Les autorisations pour l'établissement de communications devant traverser les chemins vicinaux indiqueront les mesures à prendre pour assurer la facilité et la sécurité de la circulation.

Même règlement, art. 199.

ART. 302.

Les autorisations pour établissement de barrages ou écluses sur les fossés des chemins ne seront données que lorsque la surélévation des eaux ne pourra nuire au bon état de la voie publique. Elles prescriront les mesures nécessaires pour que les chemins ne puissent jamais être submergés. Elles seront toujours révocables sans indemnité, si les travaux étaient reconnus nuisibles à la viabilité.

Même règlement, art. 200.

CHAPITRE II.

MESURES DE POLICE ET DE CONSERVATION.

SECTION PREMIÈRE.

DISPOSITIONS GÉNÉRALES.

ART. 303.

Règlement général,
art. 201.

Il est défendu d'une manière absolue :

1° De laisser stationner, sans nécessité, sur les chemins vicinaux et leurs dépendances, aucune voiture, machine ou instrument aratoire, ni aucun troupeau, bête de somme ou de trait ;

2° De mutiler les arbres qui y sont plantés, de dégrader les bornes, poteaux et tableaux indicateurs, parapets des ponts et autres ouvrages ;

3° De les dépaver ;

4° D'enlever les pierres, les fers, bois et autres matériaux destinés aux travaux ou déjà mis en œuvre ;

5° D'y jeter des pierres ou autres matières provenant des terrains voisins ;

6° De les parcourir avec des instruments aratoires, sans avoir pris les précautions nécessaires pour éviter toute dégradation ;

7° De détériorer les berges, talus, fossés ou les marques indicatives de leur largeur ;

8° De labourer ou cultiver leur sol ;

9° D'y faire ou d'y laisser paître aucune espèce d'animaux ;

10° De mettre rouir le chanvre dans les fossés ;

11° D'y faire aucune anticipation ou usurpation ou aucun ouvrage qui puisse apporter un empêchement au libre écoulement des eaux ;

12° D'établir aucune excavation ou construction sous la voie publique ou ses dépendances.

ART. 304.

Les préfets, dans chaque département, déterminent les chemins de grande communication sur lesquels des barrières pourront être établies pour restreindre la circulation pendant le dégel.

Ils prennent, sur l'avis des ingénieurs des ponts et chaussées ou des agents voyers, les mesures que la fermeture ou l'ouverture des barrières rendent nécessaires.

Peuvent seuls circuler pendant la fermeture des barrières de dégel :

1° Les courriers de la malle ;

2° Les voitures de voyage suspendues, étrangères à toute entreprise publique de messageries ;

3° Les voitures non chargées ;

4° Les voitures chargées, montées sur roues à jantes d'au moins 11 centimètres de largeur, et dont l'attelage n'excédera pas le nombre de chevaux qui sera fixé par le préfet, à raison du climat, du mode de construction et de l'état des chaussées, de la nature du sol, du nombre des roues de la voiture et des autres circonstances locales.

Toute voiture prise en contravention aux dispositions du présent article sera arrêtée, et les chevaux seront mis en fourrière dans l'auberge la plus rapprochée ; le tout sans préjudice de l'amende stipulée à l'article 4, titre II, de la loi du 30 mai 1851, et des frais de réparation mentionnés dans l'article 9 de ladite loi.

Les préfets rendront compte immédiatement au ministre de l'agriculture et du commerce des mesures qu'ils auront arrêtées en vertu du présent décret.

Loi du 3 mai 1851, art. 2, et décret du 29 août 1863.

ART. 305.

Les propriétaires des terrains supérieurs bordant les chemins vicinaux sont tenus d'entretenir toujours en bon état les revêtements ou les murs construits par eux et destinés à soutenir ces terrains.

Règlement général, art. 202.

ART. 306.

Si la circulation sur un chemin vicinal venait à être interceptée par une œuvre quelconque, le maire y pourvoirait d'urgence.

En conséquence, après une simple sommation administrative, l'œuvre serait détruite d'office et les lieux rétablis dans leur ancien état, aux frais et risques de qui il appartiendrait et sans préjudice des poursuites à exercer contre qui de droit.

Même règlement, art. 203.

SECTION II.

ÉCOULEMENT NATUREL DES EAUX.

—

ART. 307.

Règlement général,
art. 204.

Les propriétés riveraines situées en contre-bas des chemins vicinaux sont assujetties, aux termes de l'article 640 du Code Napoléon, à recevoir les eaux qui découlent naturellement de ces chemins.

Les propriétaires de ces terrains ne pourront faire aucune œuvre qui tende à empêcher le libre écoulement des eaux qu'ils sont tenus de recevoir, et à les faire séjourner dans les fossés ou refluer sur le sol du chemin.

ART. 308.

Même règlement,
art. 205.

L'autorisation de transporter les eaux d'un côté à l'autre d'un chemin vicinal ne sera donnée que sous la réserve des droits des tiers. Il y sera toujours stipulé, pour l'Administration, la faculté de faire supprimer les constructions faites, si elles étaient mal entretenues ou si elles devenaient nuisibles à la viabilité du chemin.

SECTION III.

MESURES AYANT POUR OBJET LA SÛRETÉ DES VOYAGEURS.

—

ART. 309.

Même règlement,
art. 206.

Il est interdit de pratiquer, dans le voisinage des chemins vicinaux, des excavations de quelque nature que ce soit, si ce n'est aux distances fixées par le règlement préfectoral, à partir de la limite desdits chemins.

Les propriétaires de toutes excavations pourront être tenus de les couvrir ou de les entourer de clôtures propres à prévenir tout danger pour les voyageurs.

ART. 310.

Même règlement,
art. 209.

Les maires veilleront à la solidité des constructions bordant les chemins vicinaux, et prendront les mesures nécessaires pour sauvegarder la sécurité des passants.

CHAPITRE III.

POURSUITE ET RÉPRESSION DES CONTRAVENTIONS.

SECTION PREMIÈRE.

CONTRAVENTIONS DONT LA RÉPRESSION APPARTIENT AUX CONSEILS DE PRÉFECTURE.

ART. 311.

Toute anticipation sur le sol d'un chemin vicinal ou de ses dépendances, de quelque manière qu'elle ait été commise, sera constatée par les maires, adjoints, commissaires de police, agents voyers et gardes champêtres.

Code d'instruction criminelle, art. 9, 11, 12 et 16. Loi du 21 mai 1836, art. 11. Arrêt de cassation du 17 janvier 1845, Berger.

ART. 312.

Les procès-verbaux rédigés par les fonctionnaires et agents désignés par l'article précédent devront être soumis au timbre et à l'enregistrement, en débet, dans les quatre jours de leur rédaction; ceux rédigés par les gardes champêtres devront, préalablement, être affirmés dans la forme ordinaire et dans les vingt-quatre heures de leur rédaction.

Lois des 28 septembre-6 octobre 1791, titre I, section VII; 13 brumaire an VII, titre II, art. 12; 22 frimaire an VII, art. 20, 68 et 70; 28 floréal an XII, art. 11.

ART. 313.

Tout procès-verbal constatant une anticipation sera notifié administrativement au contrevenant, avec injonction de restituer sous huitaine le sol anticipé.

Si, à l'expiration de la huitaine, la restitution n'a pas eu lieu, le procès-verbal sera immédiatement transmis au préfet, pour être statué par le conseil de préfecture, conformément à l'article 8 de la loi du 9 ventôse an XIII.

Loi du 9 ventôse an XIII.

ART. 314.

Lorsqu'un arrêté du conseil de préfecture portera injonction de restituer le sol anticipé, cet arrêté pourra, pour éviter les frais, être notifié administrativement au contrevenant sous la condition que ce dernier donnera reçu de cette notification, et déclarera la tenir pour suffisante.

Dans le cas où cette déclaration ne serait pas immédiatement donnée, le maire ferait notifier l'arrêté par huissier.

Loi du 18 juillet 1837, art. 10.

ART. 315.

<table><tr><td valign="top" width="25%">Loi
du 18 juillet 1837,
art. 9 et 10.</td><td>

Si, à l'expiration du délai fixé par le conseil de préfecture ou, à défaut, dans les trois jours qui suivront sa notification, le contrevenant n'avait pas obéi, le maire ferait procéder d'office à la reprise des terrains indûment occupés, ainsi qu'à la destruction des œuvres condamnées par ledit arrêté.

Toutefois, s'il n'y avait pas urgence à l'exécution immédiate de cet arrêté, ou s'il s'agissait de la destruction de bâtiments ou autres constructions, le maire pourrait surseoir à l'exécution jusqu'à l'expiration du délai de pourvoi ou jusqu'à ce qu'il ait été statué définitivement.

Il sera rendu compte au préfet de tout sursis ainsi accordé, afin qu'il puisse, au besoin, donner les instructions nécessaires.

</td></tr></table>

ART. 316.

<table><tr><td valign="top" width="25%">Même loi.</td><td>

Lorsque la décision du conseil de préfecture sera devenue définitive, soit par l'expiration du délai de pourvoi soit par le rejet de ce pourvoi, le maire veillera à ce qu'elle reçoive aussitôt son exécution.

</td></tr></table>

ART. 317.

<table><tr><td valign="top" width="25%">Code pénal, art. 479.</td><td>

Lorsqu'une anticipation sur le sol d'un chemin vicinal ou de ses dépendances aura été déclarée constante par le conseil de préfecture, le procès-verbal constatant cette contravention sera déféré au tribunal de simple police, pour y être requis l'application, s'il y a lieu, de l'amende prononcée par l'article 479, n° 11, du Code pénal.

</td></tr></table>

SECTION II.

CONTRAVENTIONS DONT LA RÉPRESSION APPARTIENT À L'AUTORITÉ JUDICIAIRE.

ART. 318.

Toutes contraventions aux dispositions du règlement préfectoral, autres que l'anticipation du sol des chemins vicinaux et de leurs dépendances, sont constatées par procès-verbaux des fonctionnaires et agents énumérés en l'article 311 ci-dessus ou de tout autre agent ayant qualité pour le faire.

Les dispositions de l'article 312 ci-dessus sont applicables à ces procès-verbaux.

ART. 319.

Tout procès-verbal constatant une contravention au règlement préfec-toral, autre qu'une anticipation, sera, après enregistrement et affirma-tion, s'il y a lieu, transmis soit au procureur impérial de l'arrondisse-ment, soit au fonctionnaire chargé des attributions du ministère public près le tribunal de simple police du canton, selon que le fait constaté constituera un délit ou une simple contravention.

Code d'instruction
criminelle,
art. 15, 20 et 53.

MINISTÈRE
DE L'INTÉRIEUR.

ANNEXE N° 1

À L'INSTRUCTION GÉNÉRALE SUR LE SERVICE DES CHEMINS VICINAUX.

SERVICE VICINAL.

PROGRAMME

POUR LA RÉDACTION DES PROJETS.

PIÈCES À PRODUIRE.	ÉCHELLES.	RÈGLES À OBSERVER.
		I. AVANT-PROJETS.
DESSINS. 1° Extrait de carte..... 2° Plan général.......	*Ad libitum.* On fera usage, autant que possible, des plans du cadastre.	1. Les accidents du terrain seront figurés, s'il y a lieu, sur la carte ou sur le plan général au moyen soit de courbes horizontales, soit de hachures, soit de teintes conventionnelles; on y inscrira en outre, entre parenthèses, autant de cotes utiles de hauteur au-dessus du niveau de la mer que l'on aura pu en recueillir, particulièrement celles qui se rapportent aux faîtes et aux thalwegs. Les extraits de cartes devront être calqués sur les cartes gravées ou manuscrites qui existent dans le service, ou bien sur celles du dépôt de la guerre. 2. La carte et le plan général porteront des signes d'orientation, et la direction de chaque cours d'eau sera indiquée par une ou plusieurs flèches. 3. Pour établir une concordance parfaite entre le plan et le nivellement, on rapportera sur le plan, avec précision, les points principaux du profil en long, notamment les bornes kilométriques, s'il en existe, tous les pieds de pentes et sommets de rampes, les piquets d'angles et les points où doivent être placés les ouvrages d'art. 4. Lorsqu'un tracé devra passer dans une vallée sujette à des inondations, on indiquera sur le plan la limite du champ d'inondation. Le plan devra d'ailleurs s'étendre suffisamment, en amont et en aval des ouvrages projetés, pour donner une idée exacte de la direction générale des cours d'eau.
3° Profil en long : Longueurs....... Hauteurs.	Celles du plan général. Quintuple ou décuple de celle des longueurs.	5. Les cotes de longueur seront inscrites sur deux lignes tracées au-dessous du profil, parallèlement à la rive du papier. Sur la première ligne seront inscrites les longueurs partielles entre deux cotes consécutives de nivellement; sur la seconde, les mêmes longueurs cumulées, à partir de l'origine. On inscrira sur une troisième ligne la longueur et la déclivité de chaque pente ou rampe. Enfin, sur une ligne établie au-dessus du profil, on indiquera la longueur du tracé dans la traversée de chaque commune. 6. La longueur du tracé sera divisée en kilomètres; l'origine sera indiquée par un zéro, et les extrémités des divers kilomètres seront marquées par des chiffres romains. Chacune de ces divisions principales sera subdivisée en fractions du kilomètre, lesquelles seront numérotées en chiffres arabes. 7. Le profil en long indiquera le relief du terrain par un simple trait noir. Les lignes du projet seront tracées en rouge. Les surfaces de remblai seront lavées en rose, et celles de déblai en jaune. Les cotes de remblai et de déblai seront inscrites en rouge, et placées, celles de remblai au-dessus, et celles de déblai au-dessous de la ligne du projet.

PIÈCES À PRODUIRE.	ÉCHELLES.	RÈGLES À OBSERVER.
		8. Les ponts, ponceaux, aqueducs et autres ouvrages d'art seront figurés sur le profil en long, ceux existants, en noir, et ceux projetés, en rouge. Le niveau des plus hautes et des plus basses eaux connues sera indiqué par des lignes bleues, que l'on rattachera au plan général de comparaison par des cotes de même couleur.
PIÈCES ÉCRITES. 1° Mémoire à l'appui de l'avant-projet. 2° Bordereau des pièces du dossier.		9. Lorsqu'il y aura lieu de comparer plusieurs tracés, les nivellements respectifs de ces tracés, entre les mêmes points du plan, seront autant que possible placés les uns au-dessus des autres sur une même feuille.
		10. Le mémoire à l'appui de l'avant-projet devra faire connaître notamment : la direction du chemin par l'indication des lieux principaux qu'il doit traverser ; sa longueur totale, celle des parties construites et en lacune ; l'estimation approximative de la dépense pour construire les lacunes, restaurer les anciennes constructions, pour ouvrages d'art et acquisitions de terrains ; la dépense approximative de l'entretien annuel après l'achèvement des travaux. Et, de plus, pour les chemins de grande communication et d'intérêt commun : les communes intéressées aux chemins, les lignes auxquelles elles participent déjà, le montant des trois journées de prestation, des cinq centimes et de la portion de ces ressources qu'il est possible d'appliquer au chemin projeté ; enfin, le montant des offres extraordinaires des communes et des particuliers.

II. PROJETS DÉFINITIFS.

PIÈCES À PRODUIRE.	ÉCHELLES.	RÈGLES À OBSERVER.
DESSINS. 1° Plan général.......	On fera usage, autant que possible, des plans du cadastre.	11. Les accidents du terrain seront figurés, s'il en est besoin, sur le plan général, au moyen, soit de courbes horizontales, soit de hachures, soit de teintes conventionnelles.
		12. Le plan général portera des signes d'orientation, et la direction de chaque cours d'eau y sera indiquée par une ou plusieurs flèches.
		12. On rapportera sur le plan général tous les points du profil en long. Les angles des alignements, les rayons et les tangentes des arcs de cercle seront cotés.

2° Profil en long :
  Longueur.......
  Hauteurs.........
	Celle du plan. $\frac{1}{1000}$.
	Quintuple ou décuple de celle des longueurs.
		14. Dans les vallées, on indiquera en bleu sur le plan les limites du champ d'inondation.

		15. Comme aux n°⁵ 5, 6, 7 et 8, en ajoutant que l'on indiquera sur le profil les sondages qui auront été faits, notamment sur l'emplacement des tranchées et des remblais d'une certaine hauteur, ainsi que dans le lit des rivières pour les projets des ponts.
3° Profils en travers...	$\frac{1}{100}$ ou $\frac{1}{200}$ pour les longueurs et pour les hauteurs. $\frac{1}{50}$ $\frac{1}{100}$ $\frac{1}{200}$	16. Les profils en travers comprendront une étendue au moins double de celle du terrain à occuper. La cote prise sur l'axe sera distinguée des autres par l'emploi d'un caractère spécial ou plus prononcé. Cette cote sera la même que celle du profil en long. Les cotes des profils en travers et celles du profil en long appartiendront toujours à un même plan général de comparaison ; seulement, pour ne pas avoir de trop longues ordonnées, on pourra rapporter ces profils à une ligne passant à un certain nombre de mètres au-dessus ou au-dessous du plan de comparaison, mais en laissant les cotes telles qu'elles doivent être pour indiquer les hauteurs prises par rapport à ce plan. Les profils en travers levés dans le voisinage d'un cours d'eau ou sur un terrain submersible, seront accompagnés d'un trait bleu indiquant le niveau des plus hautes eaux, et rattachés au plan général de comparaison par une cote de même couleur.

PIÈCES À PRODUIRE.	ÉCHELLES.	RÈGLES À OBSERVER.
4° Ouvrages d'art : Pour les dimensions n'excédant pas 25^m .... *Idem* comprises entre 25^m et 100^m......... *Idem* excédant 100^m ..		17. On indiquera sur la coupe des fondations de tous les ouvrages, soit par des traits distincts, soit par des teintes conventionnelles, la nature et l'épaisseur des couches de terrain dans lesquelles les fondations seront engagées. On inscrira, en outre, sur chaque couche, l'indication de sa nature et de son épaisseur. 18. Tous les dessins seront cotés avec exactitude. Le niveau des plus basses et des plus hautes eaux sera toujours indiqué par des lignes et des cotes bleues. 19. Sur les plans, coupes et élévations des ouvrages d'art, on aura soin de mettre autant de cotes qu'il sera nécessaire pour que l'on n'ait pas besoin de recourir au devis. On écrira en chiffres plus prononcés les dimensions principales, par exemple, pour les ponts et ponceaux, l'ouverture et la montée des voûtes, la hauteur des pieds-droits, l'épaisseur des piles et culées, l'épaisseur à la clef, la largeur entre les têtes, la hauteur et l'épaisseur des parapets, la largeur des trottoirs, la distance entre les trottoirs, etc. 20. L'appareil sera toujours figuré en élévation et en coupe. 21. On ne reproduira, dans les pièces du projet, aucune des conditions qui figurent dans le cahier des clauses et conditions générales, auquel on devra toujours renvoyer par le dernier article du devis. 22. On aura soin d'inscrire dans le bordereau toutes les pièces du projet, avec un numéro correspondant.
PIÈCES ÉCRITES. 1° Mémoire à l'appui du projet. 2° Devis et cahier des charges. 3° Avant-métré. 4° Bordereau des prix. 5° Détail estimatif. 6° État sommaire des indemnités à payer. 7° Bordereau des pièces du projet.		

III. PIÈCES À PRODUIRE

EN MÊME TEMPS QUE LES PROJETS DÉFINITIFS OU APRÈS L'APPROBATION DE CES PROJETS,

EN EXÉCUTION DU TITRE II DE LA LOI DU 3 MAI 1841.

PIÈCES À PRODUIRE.	ÉCHELLES.	RÈGLES À OBSERVER.
1° Plans parcellaires par commune.	$\frac{1}{1000}$	23. Chaque plan parcellaire sera rapporté sur une feuille de papier continue formée de feuilles ajustées en ligne droite, sans goussets. En conséquence, à chaque changement notable de direction de l'axe, on établira un onglet en blanc, déterminé par deux lignes formant un angle d'une amplitude convenable, et disposées de manière qu'il soit facile de reproduire à volonté l'état des lieux. 24. On inscrira sur chaque parcelle le nom du propriétaire, le numéro de la matrice cadastrale et de plus un numéro d'ordre écrit en rouge, correspondant à celui de l'état des indemnités. Le plan portera en outre les lettres par lesquelles on désigne les sections cadastrales et les dénominations locales des subdivisions ou lieux dits. Il portera, en outre, une légende.
2° Tableau des surfaces des terrains à acquérir. 3° État détaillé des indemnités à payer. 4° Bordereau des pièces du dossier.		25. On reproduira sur ces états les noms, les numéros et les autres désignations inscrites sur le plan. Pour les noms, il y aura deux colonnes, dans l'une desquelles on inscrira les noms qui figurent à la matrice cadastrale, et dans l'autre ceux des propriétaires actuels et de leurs fermiers ou locataires.

IV. DISPOSITIONS GÉNÉRALES.

26. Les plans et nivellements seront toujours rapportés dans le sens indiqué par la dénomination du chemin.

27. On inscrira aux deux extrémités du plan les mots :

    Côté de.................... (Points de départ et d'arrivée servant à la dénomination du chemin.)

28. On aura soin d'indiquer sur tous les plans les centres de population, domaines, chemins, cours d'eau, ouvrages d'art, tracés, etc. dont il est fait mention dans les rapports, mémoires, délibérations et autres pièces quelconques faisant partie du dossier, afin de faciliter l'intelligence de ces pièces. Autant que possible, on y inscrira les chiffres des populations.

29. Les écritures devront être bien lisibles, ainsi que les chiffres inscrits sur les plans et profils.

30. Les échelles seront représentées graphiquement sur les plans et profils. En même temps, elles seront définies en chiffres, comme dans l'exemple suivant ;

$$\textit{Échelle de } 0^{m}\textit{,005 pour mètre } \left(\tfrac{1}{200}\right).$$

31. Tous les plans, profils, dessins et pièces écrites seront présentés dans le format dit *tellière*, de 0^{m},31 de hauteur sur 0^{m},21 de largeur.

32. Les plans, profils et dessins seront pliés suivant ces dimensions, en paravent, c'est-à-dire à plis égaux et alternatifs, tant dans le sens de la hauteur que dans celui de la longueur, en commençant toujours par cette dernière dimension.

33. Les titres, signatures et autres écritures d'usage, ainsi que l'échelle, seront placés sur le verso du premier feuillet des plans, profils et dessins, de manière qu'il soit toujours facile de les mettre en évidence, que le dessin soit plié ou qu'il soit ouvert.

34. Les agents voyers emploieront les formules suivantes :

    Dressé par   { *l'agent voyer cantonal ou d'arrondissement* } *soussigné.*

    Vu et vérifié par l'agent voyer d'arrondissement } *soussigné.*

    Présenté par l'agent voyer chef   { *soussigné, conformément à sa lettre ou à son rapport du*

35. On inscrira d'ailleurs en caractères très-lisibles, au-dessous des titres généraux, les noms et les grades des signataires du projet.

ANNEXE N° 2

SERVICE VICINAL.

CAHIER

DES

CLAUSES ET CONDITIONS GÉNÉRALES

IMPOSÉES AUX ENTREPRENEURS

DES TRAVAUX DES CHEMINS VICINAUX.

CLAUSES ET CONDITIONS GÉNÉRALES

IMPOSÉES AUX ENTREPRENEURS

DES TRAVAUX DES CHEMINS VICINAUX,

APPROUVÉES

PAR M. LE MINISTRE DE L'INTÉRIEUR, LE

DISPOSITIONS GÉNÉRALES.

ARTICLE PREMIER.

Tous les marchés relatifs à l'exécution des travaux des chemins vicinaux, qu'ils soient passés dans la forme d'adjudications publiques ou qu'ils résultent de conventions faites de gré à gré, sont soumis, en tout ce qui leur est applicable, aux dispositions suivantes :

TITRE Ier.

ADJUDICATIONS.

—

ART. 2.

Nul n'est admis à concourir aux adjudications, s'il ne justifie qu'il a les qualités requises pour garantir la bonne exécution des travaux.

A cet effet, chaque concurrent est tenu de fournir un certificat constatant sa capacité, et de justifier du versement du cautionnement dans la caisse d'un trésorier payeur général ou d'un receveur particulier des finances, pour les adjudications des travaux des chemins de grande communication et d'intérêt commun, ou dans la caisse du receveur municipal de la commune, pour les chemins vicinaux ordinaires.

La justification du versement du cautionnement peut être remplacée par un engagement valable de le fournir.

ART. 3.

Les certificats de capacité sont délivrés par des hommes de l'art. Ils ne doivent pas avoir plus de trois ans de date au moment de l'adju-

dication. Il y est fait mention de la manière dont les soumissionnaires
ont rempli leurs engagements, soit envers l'Administration, soit envers
les tiers, soit envers les ouvriers, dans les travaux qu'ils ont exécutés,
surveillés ou suivis. Ces travaux doivent avoir été faits dans les dix dernières années.

Les certificats de capacité sont présentés, huit jours avant l'adjudication, pour être visés, à titre de communication, à l'agent voyer en
chef, pour les chemins de grande communication et d'intérêt commun; à l'agent voyer d'arrondissement, pour les chemins vicinaux ordinaires.

Il n'est pas exigé de certificat de capacité pour la fourniture des
matériaux destinés à l'entretien des chemins en empierrement, ni pour
les travaux de terrassements dont l'estimation ne s'élève pas à plus de
1,000 francs.

ART. 4.

Cautionnement.

Le cahier des charges détermine, dans chaque cas particulier, la nature et le montant du cautionnement que l'entrepreneur doit fournir.

S'il ne stipule rien à cet égard, le cautionnement est fait soit en numéraire, soit en inscriptions de rentes sur l'État, et le montant en est
fixé au trentième de l'estimation des travaux, déduction faite de toutes
les sommes portées à valoir pour dépenses imprévues et ouvrages en
régie, ou pour indemnités de terrain.

Le cautionnement reste affecté à la garantie des engagements contractés par l'adjudicataire jusqu'à la liquidation définitive des travaux.
Toutefois, le préfet peut, dans le cours de l'entreprise, autoriser la restitution de tout ou partie du cautionnement.

ART. 5.

Approbation
de l'adjudication.

L'adjudication n'est valable qu'après l'approbation du préfet. L'entrepreneur ne peut prétendre à aucune indemnité, dans le cas où l'adjudication n'est pas approuvée.

ART. 6.

Pièces à délivrer
à
l'entrepreneur.

Après l'approbation de l'adjudication, le préfet, le sous-préfet ou
le maire, délivre à l'entrepreneur, sur son récépissé, une expédition
dûment légalisée du devis, du bordereau des prix et du détail estimatif, ainsi qu'une copie certifiée du procès-verbal d'adjudication et
un exemplaire imprimé des présentes clauses et conditions générales.

Les agents voyers lui délivrent en outre, gratuitement, une expédition certifiée des dessins et autres pièces qu'ils jugent nécessaires à l'exécution des travaux.

ART. 7.

L'entrepreneur verse le montant des frais du marché à la caisse du trésorier payeur général ou à celle du receveur particulier pour les chemins de grande communication ou d'intérêt commun. Pour les chemins vicinaux ordinaires, le versement pourra être fait, suivant le cas, dans la caisse du receveur particulier ou dans celle du receveur municipal. Ces frais, dont l'état est arrêté par le fonctionnaire qui a présidé l'adjudication, ne peuvent être autres que ceux d'affiches et de publication, ceux de timbre et d'expédition du devis, du bordereau des prix, du détail estimatif et du procès-verbal d'adjudication, et le droit fixe d'enregistrement d'un franc.

Frais d'adjudication.

ART. 8.

L'adjudicataire est tenu d'élire un domicile à proximité des travaux, et de faire connaître le lieu de ce domicile au préfet, pour les chemins de grande communication ou d'intérêt commun, et au maire de la commune, pour les chemins vicinaux ordinaires. Faute par lui de remplir cette obligation dans un délai de quinze jours, à partir de l'approbation de l'adjudication, toutes les notifications qui se rattachent à son entreprise sont valables, lorsqu'elles ont été faites à la mairie de la commune désignée à cet effet par le devis ou par l'affiche d'adjudication.

Domicile de l'entrepreneur

TITRE II.

EXÉCUTION DES TRAVAUX.

ART. 9.

L'entrepreneur ne peut céder à des sous-traitants une ou plusieurs parties de son entreprise, sans le consentement de l'Administration. Il demeure toujours personnellement responsable, tant envers l'Administration qu'envers les ouvriers et les tiers.

Si un sous-traité est passé sans autorisation, l'Administration peut, suivant les cas, soit prononcer la résiliation pure et simple de l'entreprise, soit procéder à une nouvelle adjudication à la folle enchère de l'entrepreneur.

Défense de sous-traiter sans autorisation,

ART. 10.

L'entrepreneur doit commencer les travaux dès qu'il en a reçu l'ordre de l'agent voyer. Il se conforme strictement aux plans, profils, tracés,

Ordres de service pour l'exécution des travaux.

ordres de service, et aux types et modèles qui lui sont donnés pour l'exécution des travaux.

L'entrepreneur se conforme également aux changements qui lui sont prescrits pendant le cours du travail, mais seulement lorsque l'agent voyer d'arrondissement les a ordonnés par écrit et sous sa responsabilité. Il ne lui est tenu compte de ces changements qu'autant qu'il justifie de l'ordre écrit de cet agent.

ART. 11.

Règlements pour le bon ordre des chantiers.

L'entrepreneur est tenu d'observer tous les règlements qui sont faits par le préfet, sur la proposition de l'agent voyer en chef, pour le bon ordre des travaux et la police des chantiers.

Il est interdit à l'entrepreneur de faire travailler les ouvriers les dimanches et jours fériés.

Il ne peut être dérogé à cette règle que dans les cas d'urgence, et en vertu d'une autorisation écrite ou d'un ordre de service de l'agent voyer d'arrondissement.

ART. 12.

Présence de l'entrepreneur sur le lieu des travaux.

Pendant la durée de l'entreprise, l'adjudicataire ne peut s'éloigner du lieu des travaux qu'après avoir fait agréer par l'agent voyer d'arrondissement un représentant capable de le remplacer, de manière qu'aucune opération ne puisse être retardée ou suspendue à raison de son absence.

L'entrepreneur accompagne les agents voyers dans leurs tournées toutes les fois qu'il en est requis.

ART. 13.

Choix des commis, chefs d'ateliers et ouvriers.

L'entrepreneur ne peut prendre pour commis et chefs d'ateliers que des hommes capables de l'aider et de le remplacer, au besoin, dans la conduite et le métrage des travaux.

Les agents voyers ont le droit d'exiger le changement ou le renvoi des agents et ouvriers de l'entrepreneur pour insubordination, incapacité ou défaut de probité.

L'entrepreneur demeure d'ailleurs responsable des fraudes ou malfaçons qui seraient commises par ses agents et ouvriers dans la fourniture et dans l'emploi des matériaux.

ART. 14.

Liste nominative des ouvriers.

Le nombre des ouvriers de chaque profession est toujours proportionné à la quantité d'ouvrage à faire. Pour mettre l'agent voyer à même d'assurer l'accomplissement de cette condition, il lui est remis périodiquement, et aux époques par lui fixées, une liste nominative des ouvriers.

ART. 15.

L'entrepreneur paye les ouvriers tous les mois, ou à des époques plus rapprochées, si l'Administration le juge nécessaire.

Payement des ouvriers.

ART. 16.

Une retenue d'un centième est exercée sur les sommes dues à l'entrepreneur, à l'effet d'assurer, sous le contrôle de l'Administration, des secours aux ouvriers atteints de blessures ou de maladies occasionnées par les travaux, à leurs veuves et à leurs enfants, et de subvenir aux dépenses du service médical.

La partie de cette retenue qui reste sans emploi à la fin de l'entreprise est remise à l'entrepreneur.

Caisse de secours pour les ouvriers blessé ou malades.

ART. 17.

Lorsqu'il y a lieu de faire des épuisements ou autres travaux non prévus, l'entrepreneur doit, s'il en est requis, fournir les outils et machines nécessaires pour l'exécution de ces travaux.

Dépenses imputables sur la somme à valoir.

ART. 18.

L'entrepreneur est tenu de fournir, à ses frais, les magasins, équipages, voitures, ustensiles et outils de toute espèce nécessaires à l'exécution des travaux, sauf les exceptions stipulées au devis.

Sont également à sa charge l'établissement des chantiers et chemins de service et les indemnités y relatives, les frais de tracé des ouvrages, les cordeaux, piquets et jalons, les frais d'éclairage des chantiers, s'il y a lieu, et généralement toutes les menues dépenses et tous les faux frais relatifs à l'entreprise.

Outils, équipages et faux frais de l'entreprise.

ART. 19.

Les matériaux sont pris dans les lieux indiqués au devis. L'entrepreneur y ouvre, au besoin, des carrières à ses frais.

Il est tenu, avant de commencer les extractions, de justifier de l'autorisation des propriétaires, s'il a traité à l'amiable pour l'occupation des terrains, ou de les prévenir suivant les formes déterminées par le règlement général des chemins vicinaux.

Il paye, sans recours contre l'Administration, et en se conformant aux lois et règlements sur la matière, tous les dommages qu'ont pu occasionner la prise ou l'extraction, le transport ou le dépôt des matériaux.

Carrières désignées au devis.

Dans le cas où le devis prescrit d'extraire des matériaux dans des bois soumis au régime forestier, l'entrepreneur doit se conformer, en outre, aux prescriptions de l'article 145 du Code forestier, ainsi que des articles 172, 173, et 175 de l'ordonnance du 1er août 1827, concernant l'exécution de ce code.

L'entrepreneur doit justifier, toutes les fois qu'il en est requis, de l'accomplissement des obligations énoncées dans le présent article, ainsi que du payement des indemnités pour établissement de chantiers et chemins de service.

ART. 20.

Carrières proposées par l'entrepreneur.

Si l'entrepreneur demande à substituer aux lieux ou carrières indiquées dans le devis d'autres lieux ou carrières fournissant des matériaux d'une qualité que les agents voyers reconnaissent au moins égale, il reçoit l'autorisation de les exploiter, sans aucune modification sur les prix de l'adjudication. Si les transports doivent être faits par les prestataires, la substitution ne pourra avoir lieu que si la nouvelle carrière n'est pas à une distance plus grande que celle indiquée au devis ni d'un accès plus difficile.

ART. 21.

Défense de livrer au commerce les matériaux extraits des carrières désignées.

L'entrepreneur ne peut livrer au commerce, sans l'autorisation du propriétaire, les matériaux qu'il a fait extraire dans les carrières exploitées par lui en vertu du droit qui lui a été conféré par l'Administration.

ART. 22.

Qualités des matériaux.

Les matériaux doivent être de la meilleure qualité dans chaque espèce, être parfaitement travaillés et mis en œuvre conformément aux règles de l'art; ils ne peuvent être employés qu'après avoir été vérifiés et provisoirement acceptés par l'agent voyer chargé de la direction des travaux ou par ses préposés. Nonobstant cette réception provisoire, et jusqu'à la réception définitive des travaux, ils peuvent, en cas de surprise, de mauvaise qualité ou de malfaçon, être rebutés par l'agent voyer, et ils sont alors remplacés par l'entrepreneur.

ART. 23.

Dimensions et dispositions des matériaux et des ouvrages.

L'entrepreneur ne peut, de lui-même, apporter aucun changement au projet.

Il est tenu de faire immédiatement, sur l'ordre des agents voyers, remplacer les matériaux ou reconstruire les ouvrages dont les dimensions ou les dispositions ne sont pas conformes au devis.

Toutefois, si les agents voyers reconnaissent que les changements faits par l'entrepreneur ne sont contrairés ni à la solidité ni au goût, les nouvelles dispositions peuvent être maintenues; mais alors l'entrepreneur n'a droit à aucune augmentation de prix, à raison de dimensions plus fortes ou de la valeur plus considérable que peuvent avoir les matériaux ou les ouvrages. Dans ce cas, les métrages sont basés sur les dimensions prescrites par le devis. Si, au contraire, les dimensions sont plus faibles ou la valeur des matériaux moindre, les prix sont réduits en conséquence.

ART. 24.

Dans le cas où l'entrepreneur devra démolir d'anciens ouvrages, les matériaux sont déplacés avec soin, pour qu'ils puissent être façonnés de nouveau et réemployés, s'il y a lieu.

Démolition d'anciens ouvrages.

ART. 25.

L'Administration se réserve la propriété des matériaux qui se trouvent dans les fouilles et démolitions, sauf à indemniser l'entrepreneur de ses soins particuliers.

Elle se réserve également les objets d'art et de toute nature qui pourraient s'y trouver, sauf indemnité à qui de droit.

Objets trouvés dans les fouilles.

ART. 26.

Lorsque les agents voyers jugent à propos d'employer des matières neuves ou de démolition, l'entrepreneur n'est payé que des frais de main-d'œuvre et d'emploi, d'après les éléments des prix du bordereau, rabais déduit.

L'entrepreneur devra recevoir en compte, suivant les conditions stipulées au devis particulier de son entreprise, les journées ou les matériaux provenant, soit de prestations, soit de souscriptions, ou appartenant aux communes.

Il ne pourra demander aucun dommage ni aucune indemnité pour manque de gain sur les travaux que l'Administration fera exécuter par la prestation en nature ou pour l'acquit des souscriptions en nature.

Emploi des prestations, des matières neuves ou de démolition.

ART. 27.

Lorsque les agents voyers présument qu'il existe dans les ouvrages des vices de construction, ils ordonnent, soit en cours d'exécution, soit avant la réception définitive, la démolition et la reconstruction des ouvrages présumés défectueux.

Vices de construction.

Les dépenses résultant de cette vérification sont à la charge de l'entrepreneur, lorsque les vices de construction sont constatés et reconnus.

ART. 28.

Pertes et avaries;
cas de force majeure.

Il n'est alloué à l'entrepreneur aucune indemnité à raison des pertes, avaries ou dommages occasionnés par négligence, imprévoyance, défaut de moyens ou fausses manœuvres.

Ne sont pas compris, toutefois, dans la disposition précédente, les cas de force majeure qui, dans le délai de dix jours au plus après l'événement, ont été signalés par l'entrepreneur; dans tous les cas, il ne peut être rien alloué qu'avec l'approbation de l'Administration. Passé le délai de dix jours, l'entrepreneur n'est plus admis à réclamer.

ART. 29.

Règlements de prix
des
ouvrages non prévus.

Lorsqu'il est jugé nécessaire d'exécuter des ouvrages non prévus, ou d'extraire des matériaux dans des lieux autres que ceux qui sont désignés dans le devis, les prix en sont réglés d'après les éléments de ceux de l'adjudication, ou par assimilation aux ouvrages les plus analogues. Dans le cas d'impossibilité absolue d'assimilation, on prend pour terme de comparaison les prix courants du pays.

Les nouveaux prix, après avoir été débattus par les agents voyers avec l'entrepreneur, sont soumis à l'approbation de l'autorité compétente. Si l'entrepreneur n'accepte pas la décision de l'Administration, il est statué par le conseil de préfecture.

ART. 30.

Augmentation
dans
la masse des travaux.

En cas d'augmentation dans la masse des travaux, l'entrepreneur est tenu d'en continuer l'exécution jusqu'à concurrence d'un sixième en sus du montant de l'entreprise. Au delà de cette limite, l'entrepreneur a droit à la résiliation de son marché.

ART. 31.

Diminution
dans
la masse des travaux.

En cas de diminution dans la masse des ouvrages, l'entrepreneur ne peut élever aucune réclamation tant que la diminution n'excède pas le sixième du montant de l'entreprise. Si la diminution est de plus du sixième, il reçoit, s'il y a lieu, à titre de dédommagement, une indemnité qui, en cas de contestation, est réglée par le conseil de préfecture. Dans aucun cas, il ne peut élever de réclamation, si cette diminution résulte de l'exécution des travaux de prestations ou de souscriptions en nature, ainsi qu'il a été dit à l'article 26.

ART. 32.

Lorsque les changements ordonnés ont pour résultat de modifier l'importance de certaines natures d'ouvrages, de telle sorte que les quantités prescrites diffèrent de plus d'un tiers, en plus ou en moins, des quantités portées au détail estimatif, l'entrepreneur peut présenter, en fin de compte, toujours sous la condition que la différence ne résultera pas de l'exécution des prestations ou des souscriptions en nature, une demande en indemnité, basée sur le préjudice que lui auraient causé les modifications apportées à cet égard dans les prévisions du projet.

Changements dans l'importance des diverses espèces d'ouvrages.

ART. 33.

Si, pendant le cours de l'entreprise, les prix subissent une augmentation telle que la dépense totale des ouvrages restant à exécuter, d'après le devis, se trouve augmentée d'un sixième, comparativement aux estimations du projet, le marché peut être résilié sur la demande de l'entrepreneur.

Variation dans les prix.

ART. 34.

Lorsque l'Administration ordonne la cessation absolue des travaux, l'entreprise est immédiatement résiliée. Lorsqu'elle prescrit leur ajournement pour plus d'une année, soit avant, soit après un commencement d'exécution, l'entrepreneur a le droit de demander la résiliation de son marché, sans préjudice de l'indemnité qui, dans ce cas comme dans l'autre, peut lui être allouée.

Si les travaux ont reçu un commencement d'exécution, l'entrepreneur peut requérir qu'il soit procédé immédiatement à la réception provisoire des ouvrages exécutés, et à leur réception définitive après l'expiration du délai de garantie.

Cessation absolue ou ajournement des travaux.

ART. 35.

Lorsque l'entrepreneur ne se conforme pas, soit aux dispositions du devis, soit aux ordres de service qui lui sont donnés par les agents voyers, un arrêté du préfet le met en demeure d'y satisfaire dans un délai déterminé. Ce délai, sauf les cas d'urgence, n'est pas de moins de dix jours, à dater de la notification de l'arrêté de mise en demeure.

A l'expiration de ce délai, si l'entrepreneur n'a pas exécuté les dispositions prescrites, le préfet, par un second arrêté, ordonne l'établissement d'une régie aux frais de l'entrepreneur. Dans ce cas, il est procédé immédiatement, en sa présence, ou lui dûment appelé, à l'inventaire descriptif du matériel de l'entreprise.

L'Administration peut, selon les circonstances, soit ordonner une nouvelle adjudication à la folle enchère de l'entrepreneur, soit pro-

Mesures coercitives.

noncer la résiliation pure et simple du marché, soit prescrire la continuation des travaux par voie de régie.

Pendant la durée de la régie, l'entrepreneur est autorisé à en suivre les opérations, sans qu'il puisse toutefois entraver l'exécution des ordres des agents voyers.

Il peut d'ailleurs être relevé de la régie, s'il justifie des moyens nécessaires pour reprendre les travaux et les mener à bonne fin.

Les excédants de dépenses qui résultent de la régie ou de l'adjudication sur folle enchère sont prélevés sur les sommes qui peuvent être dues à l'entrepreneur, sans préjudice des droits à exercer contre lui, en cas d'insuffisance.

Si la régie ou l'adjudication sur folle enchère amène au contraire une diminution dans les dépenses, l'entrepreneur ne peut réclamer aucune part de ce bénéfice, qui reste acquis à l'Administration.

ART. 36.

Décès
de l'entrepreneur.

En cas de décès de l'entrepreneur, le contrat est résilié de droit, sauf à l'Administration à accepter, s'il y a lieu, les offres qui peuvent être faites par les héritiers pour la continuation des travaux.

ART. 37.

Faillite
de l'entrepreneur.

En cas de faillite de l'entrepreneur, le contrat est également résilié de plein droit, sauf à l'Administration à accepter, s'il y a lieu, les offres qui peuvent être faites par les créanciers pour la continuation de l'entreprise.

TITRE III.

RÈGLEMENT DES DÉPENSES.

ART. 38.

Bases du règlement
des comptes.

A défaut de stipulations spéciales dans le devis, les comptes sont établis d'après les quantités d'ouvrages réellement effectuées, suivant les dimensions et les poids constatés par des métrés définitifs et des pesages faits en cours ou en fin d'exécution, sauf les cas prévus par l'article 23, et les dépenses sont réglées d'après les prix de l'adjudication.

L'entrepreneur ne peut, dans aucun cas, pour les métrés et pesages, invoquer en sa faveur les us et coutumes.

ART. 39.

Attachements.

Les attachements sont pris au fur et à mesure de l'avancement des travaux, par l'agent chargé de leur surveillance, en présence de l'entrepreneur et contradictoirement avec lui ; celui-ci doit les signer au moment de la présentation qui lui en est faite.

Lorsque l'entrepreneur refuse de signer ces attachements, ou ne les signe qu'avec réserve, il lui est accordé un délai de dix jours, à dater de la présentation des pièces, pour formuler par écrit ses observations. Passé ce délai, les attachements sont censés acceptés par lui, comme s'ils étaient signés sans réserve. Dans ce cas, il est dressé procès-verbal de la présentation et des circonstances qui l'ont accompagnée. Ce procès-verbal est annexé aux pièces non acceptées.

Les résultats des attachements inscrits sur les carnets des surveillants ne sont portés en compte qu'autant qu'ils ont été admis par les agents voyers.

ART. 40.

Il est dressé, s'il y a lieu, à la fin de chaque mois, un décompte des ouvrages exécutés et des dépenses faites, pour servir de base aux payements à faire à l'entrepreneur.

Décomptes mensuels.

ART. 41.

A la fin de chaque année, il est dressé un décompte de l'entreprise, divisé en deux parties : la première comprend les ouvrages et portions d'ouvrages dont le métré a pu être arrêté définitivement, et la seconde, les ouvrages et portions d'ouvrages dont la situation n'a pu être établie que d'une manière provisoire.

Décomptes annuels
et
décomptes définitifs.

Ce décompte, auquel sont joints les métrés et les pièces à l'appui, est présenté, sans déplacement, à l'acceptation de l'entrepreneur ; il est dressé procès-verbal de la présentation.

En ce qui concerne la première partie du décompte, l'acceptation de l'entrepreneur est définitive, tant pour l'application des prix que pour les quantités d'ouvrages.

S'il refuse d'accepter ou s'il ne signe qu'avec réserve, il doit déduire ses motifs par écrit, dans les vingt jours qui suivent la présentation des pièces.

Il est expressément stipulé que l'entrepreneur n'est point admis à élever de réclamations, au sujet de ces pièces, après le délai de vingt jours, et que, passé ce délai, le décompte est censé accepté par lui, quand même il ne l'aurait pas signé, ou ne l'aurait signé qu'avec une réserve dont les motifs ne seraient pas spécifiés.

Le procès-verbal de présentation doit toujours être annexé aux pièces non acceptées.

En ce qui concerne la deuxième partie du décompte, l'acceptation de l'entrepreneur n'est considérée que comme provisoire.

Les stipulations des paragraphes 2, 3, 4, 5 et 6 du présent article s'appliquent au décompte général et définitif de l'entreprise.

Elles s'appliquent aussi aux décomptes définitifs partiels, qui peuvent être présentés à l'entrepreneur dans le courant de la campagne.

L'entrepreneur est autorisé à faire transcrire par ses commis, dans les bureaux des agents voyers, les pièces dont il veut se procurer des expéditions.

ART. 42.

L'entrepreneur ne peut revenir sur les prix du marché.

L'entrepreneur ne peut, sous aucun prétexte, revenir sur les prix du marché qui ont été consentis par lui.

ART. 43.

Évacuation des chantiers.

Dans tous les cas de résiliation, l'entrepreneur est tenu d'évacuer les chantiers, magasins et emplacements utiles à l'entreprise, dans le délai qui est fixé par l'Administration.

TITRE IV.

PAYEMENTS.

ART. 44.

Payements d'à-compte.

Les payements d'à-compte s'effectuent autant que possible tous les mois, en raison de la situation des travaux exécutés, sauf retenue d'un dixième pour la garantie et d'un centième pour la caisse de secours des ouvriers, sous la réserve énoncée à l'article 49 ci-après.

ART. 45.

Maximum de la retenue.

Si la retenue du dixième est jugée devoir excéder la proportion nécessaire pour la garantie de l'entreprise, il peut être stipulé au devis ou décidé en cours d'exécution qu'elle cessera de s'accroître lorsqu'elle aura atteint un maximum déterminé.

ART. 46.

Réception provisoire.

Immédiatement après l'achèvement des travaux, il sera procédé, s'il y a lieu, à une réception provisoire, en présence de l'entrepreneur ou lui dûment appelé par écrit. En cas d'absence de l'entrepreneur, il en est fait mention au procès-verbal.

ART. 47.

Réception définitive.

Il est procédé de la même manière à la réception définitive, après l'expiration du délai de garantie.

A défaut de stipulation expresse dans le devis, le délai est de six mois, à dater de la réception provisoire, pour les travaux d'entretien, les terrassements et les chaussées d'empierrement, et d'un an pour les ouvrages d'art. Pendant la durée de ce délai, l'entrepreneur demeure responsable de ses ouvrages et est tenu de les entretenir.

ART. 48.

L'entrepreneur ne reçoit son solde qu'après la réception définitive et lorsqu'il a justifié de l'accomplissement des obligations énoncées dans l'article 19. Faute par l'entrepreneur de faire cette justification dans un délai fixé par un arrêté du préfet ou du maire, suivant le cas, ce solde pourra être versé à la Caisse des dépôts et consignations.

Payement de solde.

ART. 49.

Les payements ne pouvant être faits qu'au fur et à mesure de la disponibilité des fonds, il ne sera pas alloué d'indemnités, pour retard de payement pendant l'exécution des travaux.

Si l'entrepreneur ne peut être entièrement soldé dans les trois mois qui suivent la réception définitive régulièrement constatée, il a droit, à moins de conventions expresses, à des intérêts, calculés d'après le taux légal pour la somme qui lui reste due à partir de l'expiration de ce délai. Toutefois ces intérêts ne seront payés que sur sa demande et à partir du jour de cette demande.

Intérêts pour retards de payements.

TITRE V.

CONTESTATIONS.

ART. 50.

Si, dans le cours de l'entreprise, des difficultés s'élèvent entre l'agent voyer et l'entrepreneur, il en est référé à l'agent voyer en chef.

Dans les cas prévus par l'article 22, par le deuxième paragraphe de l'article 23 et par le deuxième paragraphe de l'article 27, si l'entrepreneur conteste les faits, l'agent voyer dresse procès-verbal des circonstances de la contestation, et le notifie à l'entrepreneur, qui doit présenter ses observations dans un délai de vingt-quatre heures; ce procès-verbal est transmis par l'agent voyer d'arrondissement à l'agent voyer en chef, pour qu'il y soit donné telle suite que de droit.

Intervention de l'agent voyer en chef.

ART. 51.

En cas de contestation avec les agents voyers, l'entrepreneur doit adresser au préfet un mémoire où il indique les motifs et le montant

Intervention de l'Administration.

de ses réclamations. Ce mémoire est communiqué à l'agent voyer en chef pour avoir un rapport dans le délai d'un mois.

Si, dans le délai de trois mois à partir de la remise du mémoire, le préfet n'a pas fait connaître sa réponse, l'entrepreneur peut, comme dans le cas où ses réclamations ne seraient pas admises, saisir desdites réclamations la juridiction contentieuse.

ART. 52.

Jugement
des contestations.

Conformément aux dispositions de la loi du 28 pluviôse an VIII, toute difficulté entre l'Administration et l'entrepreneur, concernant le sens ou l'exécution des clauses du marché, est portée devant le conseil de préfecture, qui statue, sauf recours au Conseil d'État.